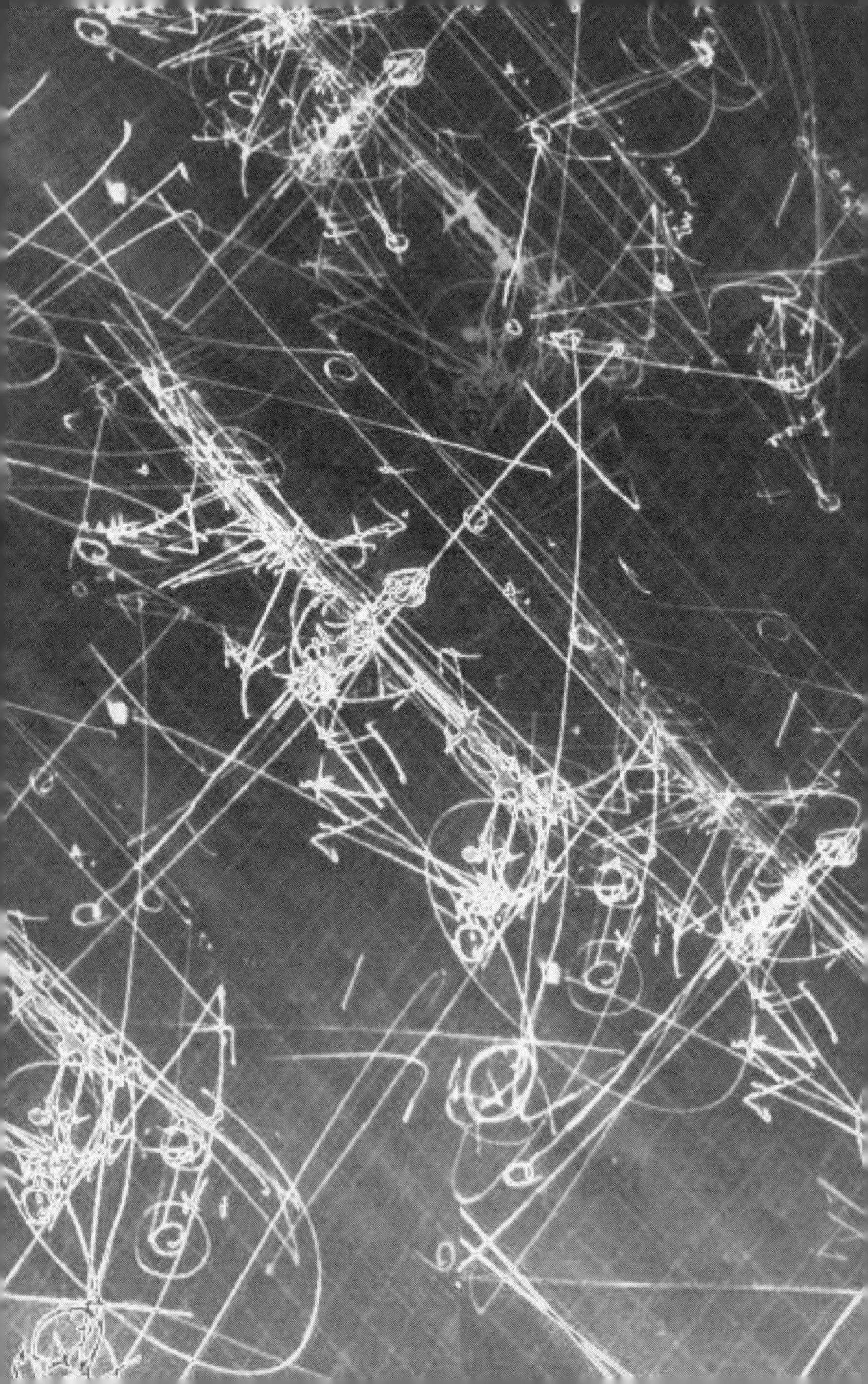

監督の異常な愛情

または私は如何にして心配するのを止めて
この稼業を・愛する・ようになったか

目次

あふれ出る男

片野坂知宏

パスするたびに悲鳴が上がるスタジアム／それはまるで降臨した救世主のようだった
世界大会で一試合限定の指揮／新風は慎重に吹きはじめた
長いトンネルを抜けて初陣は白星／リーグ日本人初ゴールをアシストした男
ポジションコンバートは極力しない／スペクタクルな攻撃重視にして守備放棄
ライバル・栃木が首位を独走しはじめた／メンバーを大幅に入れ替えた夏
眠っていた部分を起こす3バックシステム／ベーシックを守りつつ壁を破ることも必要だ
言葉によるアシストは極力抑えられている／J3優勝へ、怒涛のラストスパート
バンディエラに後押しされてミッション完遂／〝ミシャ式〟から〝片野坂流〟へ
戦術の要は数的優位を作ること／さらに柔軟性を加えて次のフェーズへ
〝片野坂流〟を封印して得た勝利もある／相手が来れば来るほど真骨頂
昇格を逃したとて鼻血が出ることもある／継続性を重視して3年目がはじまった
シーズン序盤から上位をキープ／ウイングバックの〝縛り〟をほどく
〝片野坂流〟に対抗する可変システム返し／最終完成形にたどりつくまで

装幀――ゴトウアキヒロ

はじめに

どの監督も、ちょっと変。

大分トリニータの番記者としてJリーグを取材する中で出会ってきたたくさんの監督たちに対して、知れば知るほどふつふつと湧いてくるのは、そんな思いだった。

もちろんこれは最大の賛辞だ。

それぞれの戦術をはじめとして、交代カードの切り方、テクニカルエリアでの立ち姿、レフェリーへのアピール、記者会見での様子、前節の課題の修正の仕方といった実にさまざまなシーンに、監督たちのパーソナリティーは浮き彫りになる。選ぶ言葉のひとつひとつに独特の表現が散見され、そこからは監督の人柄や哲学が透けて見えるようだ。

サッカーは組織のスポーツなので、どういうスタイルで戦うか、どういうふうに試合を運ぶかといったチームのアイデンティティーは、現場の最高責任者である監督が、そのほとんどを方向づけることになる。

攻守の比重、ボール支配率、ホットゾーン、フィニッシュまでに要した時間。フォーメーションや、それぞれのポジションに配置するプレーヤーのタイプなど、多種多様な切口で、戦術やスタイルの性格が決まっていく。それは監督のパーソナリティーに拠って立つところが大きい。とにかく攻撃が好きな監督もいれば、守備に絶対的こだわりを見せる監督もいる。大胆な変革に出る人もいれば、微細に調整する人もいる。

特に、資金が潤沢ではない地方クラブが多く、昇格と降格の狭間で殺伐とした戦いが繰り広げられるJ２は、最も監督のキャラクターが際立つカテゴリーだ。スタープレーヤーを抱えることができないチームは、工夫を凝らし組織としてのポテンシャルを高めて勝ち点を掴み取りに行く。

チームが置かれている状況やその時点での順位、出場する選手、監督の心理状態などによっても戦い方が細かく変わってくる中で、対戦する監督同士は相手の腹を探り合い、裏をかき合う。裏の裏をかこうとして深読みし過ぎてしまうこともあるし、裏をかいたつもりが相手も表裏一体で同じことを考えていて結果的に正攻法になってしまったということもある。ときには監督自身がとんでもなくつんのめって、志半ばで解任されたりもする。

アクシデント含みのそんな駆け引きを見守りながら、その折々に垣間見える、〝ちょっと変〟。どの監督もサッカーに対して本気すぎて、ちょっとだけ常軌を逸してしまったりしているのだ。ほとんどマッドサイエンティスト状態と言える。こんなにも深い愛があるだろうか。

そんな監督たちのことを、いつか書きたいと思い続けてきた。

本書では、5人の監督をピックアップしている。

2011年から約4年半にわたり大分トリニータを率いて、わたしに監督視点から見るサッカーの面白さを存分に教えてくださった、田坂和昭監督。

2016年シーズン、J3で戦ったトリニータを一年でJ2に復帰させ、現在も新たなスタイルを築き上げていく過程をつぶさに取材させてくださっている、片野坂知宏監督。

敵将として対戦する中で、敵味方を超越してその采配ぶりに心を鷲掴みにされた、厳しい状況に置かれるカマタマーレ讃岐をＪ２に残留させ続けている北野誠監督と、現在はＶ・ファーレン長崎を率いてＪ１で戦っている高木琢也監督。

そして、育成年代の日本代表監督からＦＣ今治監督へと転身し、少し特殊な環境において独自の理論を打ち立てようと試みている、吉武博文監督。

いずれも個性的で〝ちょっと変〟な監督たち。試合でも、トレーニングでも、インタビューの場でも、彼らのサッカーへ向ける異常な愛情は、とどまることなくあふれている。

システムは世界の捉え方で、戦術は人生そのものだ。

監督という人間に寄り添った場所から見渡せば、サッカーはまた、あたらしい奥行きを見せてくれることだろう。

イバラの道を選ぶ男　田坂和昭

◆「一年で2チームを降格させた監督」と呼ばれて

それにしても2015年は、田坂監督にとって受難の一年だった。なにしろ「1年で2チームを降格させた監督」という、前代未聞の称号を授かったのだから。

戦績不振で6月1日に指揮5シーズン目だった大分トリニータの監督を解任されると、わずか1ケ月後の7月2日、清水エスパルスのヘッドコーチに就任。8月1日には内部昇格で監督となる。結局、どちらのチームも浮上できずに、トリニータはJ3へ、エスパルスはJ2へと降格することになった。

トリニータに関しては6月以降に立て直す余地は十分にあった中で、田坂監督が直接的に降格に関わったわけではないのだが、それでも世間はセンセーショナルな方向へと話題を持っていきたがる。

トリニータの番記者として近いところから見守っていた身としては、そうじゃないんだけどな……と言いたい部分も少なからずあった。ただ、表沙汰にできない内部事情が絡んでいる。中途半端にそれを匂わせても、敗戦続きで心の荒んだサポーターたちからは「田坂信者」と呼ばれ、一緒くたにボコボコにされた。まあ、監督も番記者もそういう役回りの職業なので仕方がない。

それでも、田坂監督には「あなたという人は、どれだけお人好しなんですか」と言いたい気持ちを抑えきれなかった。

2015年シーズンのトリニータの不振は、間違いなく戦力の流出に端を発している。前シーズン終盤、チームの完成度を上げながらわずか勝ち点1届かずにJ1昇格プレーオフ進出を逃し、そのリベンジを期していたにもかかわらず、主軸となっていた戦力がことごとく流出。信頼の厚かったキャプテンと副キャプテンをまとめて戦力外で切り捨てたことによって選手たちのクラブへの反感が強まり、残したいと考えていたメンバーまでも他クラブへと移籍してしまった。

2013年頃から強化部と現場とのヴィジョンにギャップが生じていたことを象徴するよう

に、戦力補強もちぐはぐだった。２０１５年シーズン新体制発表会見のあと、田坂監督はぽつりと言った。

「大雑把に言ってポゼッション向きの選手が3割、カウンター向きの選手が7割いれば、カウンター戦術を採用するべきなんだよ」

資金の潤沢でないクラブだから手元の戦力を生かしたサッカーをするのだとつねづね語っていた田坂監督が、つい漏らしてしまった悩ましい本音だったのだろう。

前年に積み上げたものがスクラップされてスタートしたシーズンの開幕戦で、田坂監督はいきなり錯乱したような采配を見せた。プレシーズンに施した準備に納得できなかったのか、開幕2日前になって自らそれをぶち壊す。守備組織の構築をリードしてきたディフェンスリーダーを外し、突如、フィジカル自慢の外国籍選手を最終ラインの中央に置いた。そんな付け焼き刃で結果を出せるほど、サッカーは甘くない。当然のように連係不足でカマタマーレ讃岐に敗れると、その後もつんのめったように、チームは不安定な戦いを繰り返した。このシーズンを戦うための〝型〟を手探りしながら結果を出せず、指揮官は強化部の意見に従って方針を変える。それは戦い方のブレ以外の何物でもなかった。

「もうちょっと我慢して最初のとおりにやればいいじゃないですか」とわたしは言った。それまでも毎シーズン、チームの熟成には時間を要してきたのだ。自信喪失してブレるほうが余程危ない。だが、田坂監督は言った。

「俺も会社員みたいなものだからね。雇われてる以上は、会社の方針に従わなきゃいけない」

頑固そうに見えて、意外とそんな人なのだ。結局、すべてが中途半端なまま解任に至った。

「ちょっと海外に勉強しに行ってくるよ」

ほとぼりを冷ますようにそう言っていた矢先に、急転直下、エスパルスのヘッドコーチになることになったと一報が入った。クラブのレジェンド・大榎克己氏が監督に就任して2シーズン目、こちらの名門も結果を出せず降格の危機に陥っていた。田坂監督にとっては選手としても指導者としても関わった古巣だ。トリニータから契約を切られるのを待ちかねていたように、声が掛かったらしい。

当初、そのオファーは断るつもりだったという。当時のクラブやチームの状況を見れば、シーズン途中にいきなりその中に飛び込んで組織を立て直すのは困難な話だと思っていた。清水まで出向いて丁重にその旨を伝えたが、大先輩の大榎氏から頭を下げられて断れなくなった。その1ヶ月後の大榎監督の辞任。「大榎さんが辞めるなら僕も辞めます」と言うと「それは困る。ほかに引き受けてくれる人がいない」と引き留められる。「この状態で残留させることは正直言って難しいですよ」と現実的な見解を述べたが、それでもやってくれと懇願された。はたから見れば、完全に用意されていた筋書きとしか思えない。結果的に、降格の責任を背負わされに行ったようなものではないか。

10日間の監督代行期間を経て、田坂エスパルスの新体制が発表された。大分で起きたことを振り返る間もなく次なる戦地へと赴いた男は、シーズン半ばを過ぎてかなり厳しい状況のチームを立て直すことができないまま、10月17日、クラブ史上初のＪ２降格を、現場の最高責任者として一身に引き受けることになった。

一方でトリニータも、さらなる窮地に立たされていた。田坂監督の後任には4年前から強化部長を務めていた柳田伸明氏が収まっていたが、J2残留という厳しいノルマは、経験皆無の新人監督には荷が重すぎた。リーグ終盤となった第37節のジェフユナイテッド千葉戦では采配ミスもあって2点のリードを守りきれず、第41節の大宮アルディージャ戦も2点先行から3失点して敗れるなど、降格圏に低迷。ともに残留を争っていた栃木SCが終盤に大きく失速したため辛うじて最下位での自動降格は免れたが、町田ゼルビアとのJ2・J3入れ替え戦では、戦術ボードを手にうろたえながら、J1経験クラブ初となるJ3降格へと追い込まれていった。

これをもって田坂監督は、1シーズンで2チームの陥落に関わったという不名誉な経歴を刻んだことになった。

「今度こそ海外で勉強してくるよ」

エスパルスの監督を辞任してそう言ったが、またもその計画は遂げられなかった。彼が清水を離れるのを狙っていたかのように、今度は松本山雅の反町康治監督から、ヘッドコーチ就任のオファーが届いたのだった。

大分で指揮を執っていた頃、理想の監督像を問われたときに、数々のチームで監督を歴任してきた石崎信弘氏の名を挙げたことがある。

「イシさんのように途切れることなく生涯、現場に立っていたい。監督じゃなくてコーチでもいい」

松本で1年間、反町監督をサポートしたあと、本当に今度こそ海外に、と心を新たにしていたところへ、今度はJ3の福島ユナイテッドFCから監督就任を持ちかけられた。さすがに奥様も笑いながら、単身赴任を許したという。

◆運命的な福島ユナイテッドFCでの監督就任

田坂監督が福島ユナイテッドFCで指揮を執るなんて、あまりに運命的だと思った。東日本大震災の発生は、田坂監督が大分で初めて監督となった2011年のこと。開幕のアウェイ岐阜戦を1―0で勝利し、さあこれから、と意気込んだ矢先に、激震が列島を襲った。あまりに深刻な被災状況や発電所停止にともなう電力不足により、4月23日まで全試合の開催中止が余儀なくされる。新人監督は初陣を勝利で飾った喜びに浸ることも許されず、想像を超えた現実を突きつけられた。

「こんなときにサッカーなんかしている場合じゃない」

「いや、こんなときだからこそサッカーで日本を元気にするんだ」

サッカーに関わる人たちが、当時直面したジレンマ。そのせめぎ合いのなかで、Jリーグをはじめとするサッカー関連のネットワークを頼りに、全国で支援の動きが進められた。田坂監督以下スタッフや選手たちも、想定外に訪れた中断期間のコンディション調整に励みながら、街頭募金をはじめとする復興支援活動を率先して行った。近隣のチーム同士で非公式試合を行い、その会場でも支援を呼びかける。開催中止となった試合はリーグ再開後にあらためて日程に組み込まれ、どのチームも例年にない連戦で懸命に全日程をこなした。指揮官1年目から、いきなり波乱のシーズンだった。

2017年、あの被災地の中心であった福島のクラブの監督に就任。クラブスタッフの約半数が地元出身者で、選手にも福島生まれの者がいる。そんなチームを率いての開幕戦が、震災発生からちょうど6年となる3月11日に決まった。3月11日に試合が開催されるのは初めてのことだった。

「これはなんとしても勝たなくてはならないと思った。3．11は福島にとって本当に大事な日なんだ。だから、選手たちには一回だけ言った。3．11だから絶対に勝たなきゃいけない。内容とか戦術とか、もうどうでもいい。福島に来た以上は絶対に、これは背負わなきゃいけないんだ。もしかしたら被災者の人たちは『いや別にそんなことは望んでないです』って言うかもしれないけど、これは俺らは背負わなきゃいけないことだろって。俺は選手としても指導者としても、いままでこんなに勝ちたいと思ったことはなかった」

開幕を一週間後に控えた日、グルージャ盛岡との練習試合で、メンバーを外れそうな外国籍選手が気を抜いたプレーを見せたとき、田坂監督は選手全員を集めて訴えた。

「福島のために、みんながどういう思いでこの3．11に向きあえるか。それができない選手はここで辞めろ、俺はもう使わないから。全力でやった上で結果が出なかったんだったら、それはもう本当に俺が謝るしかない」

その言葉が届いたか、アウェイのニッパツ三ツ沢球技場で行われた開幕戦で、チームはY．S．C．C．横浜に2—0で勝利する。ホームタウンの福島では、追悼復興祈念の式典が行われていた頃。そこへ向けての一念を遂げ、田坂監督は憚ることなく試合後の記者会見で号泣した。

「一人の記者さんに『この3．11を迎えてどうでしたか』って質問されたときに、俺のスイッチがプツンと切れちゃって、いや、勝ってよかったなと。いろんなことがあったけど、いままでの中で本当にプレッシャーがあった。なんとしても福島の人に勝利を届けたかった。それがいちばんの思いだった。そう言おうとしたら、いままでに経験したことのない勢いで涙が出てきて、言葉にならなかった」

震災直後には福島ユナイテッドFCの社員たちも、一度はこのクラブが潰れると思った。そこを踏ん張って、日常を取り戻すために励ましあいながら、体を動かし頭を使ってきた。練習場として使っている運動公園の体育館が避難所になっていた頃には、スタッフが率先して復興活動を進めた。被災した子供たちと遊んでいるクラブスタッフの様子を見て、ここで働きたいと入社した人もいたという。

「そういう話を聞くと、本当に大変だったんだなっていう思いが、すごくあって。俺は実際に震災に遭ったわけではないけれど、福島に来た時点で自分は福島の人間だと思っている。だから、なんとしても勝たなきゃいけない、本当に喜ばせてあげたいなっていう気持ちがあったんですよ」

◆あの日、カープの帽子を脱いで

そんな話を聞きながら、トリニータ時代の2014年8月20日、天皇杯3回戦のサガン鳥栖戦を思い出していた。

広島市が記録的な集中豪雨による土砂災害に見舞われたのが、その日の未明のことだった。最も被害が大きかったのが田坂監督の出身地である安佐南区・安佐北区のあたりで、実家には直接の被害はなかったものの、周辺では死者・行方不明者多数。それこそ「他人事ではない」という状況で、故郷の被災に胸を痛め、自分だけ喪章をつけて試合に臨んだ。結果は1―3で敗退となったが、試合後会見では涙を止めることができないまま、サッカーを通じて自分にできることを全力でやりたいと話したのだった。

もともと、人の痛みに敏感なのだ。天災だけでなく、病気や怪我、誹謗中傷、謂れなく理不尽な目に遭っている人の話を聞くと、途端に表情が歪む。そのダイレクトな反応に、やさしさと情の厚さがほとばしる。

それは、自身が先天性無毛症というハンディキャップを背負ってきたこととも関係しているのだろうか。

髪がないので、子供の頃はずっと広島カープの帽子をかぶっていたという。それをネタにからかわれたりいじめられたりした日々のなかで、早熟な気づきは訪れた。

「あれは多分、幼稚園のときだったと思うんだけど。自分はこのまま、高校生や大学生になってもこの帽子をかぶっているのかな、大学生でカープの帽子をかぶってる人はいないな、サラリーマンでスーツを着てカープの帽子をかぶるのは変だな、と思った瞬間があった。それで、自分はこのさきどうなるんだろうかと。思えばあれが、大人というものを意識した初めての経験だったんじゃないかな」

周りとは違う目で見られていることへの反骨心から、田坂和昭のアイデンティティー形成がスタートした。生来の負けず嫌いに拍車をかけながら地元の名門少年団「広島大河フットボールクラブ」でサッカーに打ち込んだ少年は、東海大第一高校（現・東海大翔洋高校）から東海大学を経て、年代別代表やユニバーシアード代表にも招集されながらベルマーレ平塚（現・湘南ベルマーレ）でＪリーガーとなり、１９９４年のＪリーグ新人王に輝く。ついにはＡ代表で日の丸を背負って戦うボランチへと成長を遂げた。

監督としてトリニータを率いていた２０１３年秋、先天性無毛症の息子さんを持つ女性から手紙が届いたことがあった。いじめられた息子が学校に行くのを嫌がって困っているという相談の内容だった。

その返事を出すにあたり田坂監督は、最初に母親の思いに寄り添ったあと、こう伝えたという。

「でも、まずはお母さんが元気を出してください。お母さんが元気をなくしてしまっては、息子さんもそれを敏感に感じ取って余計に元気が出なくなってしまいます。

子供は子供の人生を、自分で消化しながら生きていきます。ゆくゆくは一人で決断していかなくてはなりません。大人になって、仕事もするし結婚もするでしょう。その上で『自分が自分であること』は、決して避けては通れないことなんです。

髪の毛があろうがなかろうが、背が高かろうが低かろうが、息子さんはこの世にたった一人の、かけがえのない存在です。今はつらいかもしれませんが、まずはお母さんが楽しんで過ごすことです。お母さんが毎日を楽しんでいれば、そのうち息子さんも絶対に楽しくなってくるはずです」

福島での一年目のシーズンを終えようとしていた頃、田坂監督は言った。

「ちょうど先日、海外のメディアから福島という地域についての取材が来たときに言ったんだけど。福島の人たちは震災を受けたけど、外から思っているよりも意外に元気なんですよと。実は俺も小さい頃そうだったの。髪の毛がないから、周りは大丈夫か大丈夫かと言うし、学校の先生もすごく気にかけてくれるんだけど、本人は意外とそこまで気にしていなくて、むしろ前向きだ。逆に他の人が苦労しているときに、痛みがわかるぶん助けてあげたいという思いが、俺には小さい頃からあった。きっと福島の人たちもそうなんだと思うんだよね。みんな元気だし、うちのスタッフたちも『いやいや、震災は大変だったけど』って明るく言いながら、いろんなことを考えて頑張っている。そこに自分と相通ずるものがあるように思えた。だからこそ、こういう思いになったんだと思う」

◆福島でついに「密集」解禁、開幕4連勝

復興への強い思いに突き動かされた開幕戦から勢いに乗り、チームは第2節・アスルクラロ沼津戦、第3節・FC琉球戦、第4節・AC長野パルセイロ戦と4連勝を遂げる。

2014年から3シーズンにわたりチームを率いた栗原圭介前監督の培った土台を発展させ、前体制のスローガンも継続しつつ、新たな要素を加えて「Link　繋がりタオす」とした田坂監督が、このチームで最初に打ち出した戦術的キーワードは「密集」だった。

戦術家というよりは〝戦術マニア〟と呼びたくなるくらい、田坂監督の探求心はとめどない。一日に国内外のリーグ数試合を観るところまでは、戦術家の監督であれば、なくはない。ただ、これほどまでに自分が面白いと感じた要素を積極的にチームに取り入れていく実践力は、類を見ないように思う。トリニータ時代だけでも、リーガ、セリエA、ブンデス、プレミアとさまざまなリーグを継続的に追い、そのときどきで有効そうなアイデアを見つけ出しては自分流にアレンジして、チームに落とし込んできた。上手くいけば「戦術研究に長けた知将」と呼ばれる。いかなければ「節操ないヤツだな、ウイイレでもやってろ」と罵倒される。

その紙一重の日々の中でずっと温めてきた戦術のひとつが「密集」だった。ベースになったのは、2014年からロガー・シュミット監督が率いたバイエル・レヴァークーゼンだ。激し

いプレッシングでボールを奪い縦に速く攻めるスタイルで、ボールサイドに極端に選手が寄るのを最大の特徴とする。Ｊリーグでは上野展裕監督時代のレノファ山口が取り入れ、２０１５年にそのアグレッシブなスタイルを結実させると、Ｊ３からＪ２への昇格を果たした。

サッカー指導者やファンの間でも注目されたこの戦術を、マニアなる田坂監督が放っておくわけがない。ただ、２０１５年当時に率いていたトリニータは、いろいろな事情の絡みでなかなか自分の思いどおりに戦術を試すことができなかった。開幕戦の判断ミスでチームを迷わせてしまった自業自得の部分もある。「密集」をやりたくてうずうずしていた田坂監督がようやく初めてピッチ上にそれを描き出したのは、「この試合で負けたら自分は解任されるだろう、どうせ解任されるなら最後に好きなことをやろう」と割り切って臨み、その読みどおりにトリニータでの最後の試合となった、第16節・ギラヴァンツ北九州戦でのことだった。

システムは４―１―４―１だが、頂点には風間宏矢を置いた、実質ゼロトップ。相手の攻撃の起点となるダブルボランチに、松本昌也と坂井大将のインサイドハーフがプレッシャーをかけてコースを切りながら、ボールを奪うとアンカーの兵働昭弘が軸となり、両サイドの後藤優介と為田大貴に展開して攻めた。細やかに相手の間に顔を出しながらボールをつなぐ松本と坂井のプレースタイルが北九州の守備網を崩し、複数の得点機を演出する。ただ、そのチャンスを仕留めることができず、後半は疲労の見える戦力を交代せざるを得なくなり、戦術も変更して、試合には敗れた。

そのシーズンの終盤にはエスパルスでも、Ｊ２降格決定後のラスト２試合に臨むにあたり、ミーティングで選手たちにレヴァークーゼンの映像を見せて「ちょっとこれをやってみないか」と持ちかけた。降格が決まるまでは采配に制限がかかっていたのだが、ここに来て自由を与えられたのだ。試合では北川航也らが躍動し、セカンドステージ第16節・モンテディオ山形戦で2得点を挙げ11試合ぶりに勝利。最終節のヴァンフォーレ甲府戦はドローとなったが、やはり2得点している。

反町監督の下でヘッドコーチを務めた松本山雅でも、隙あらばぶっ込むという感じで、紅白戦のBチーム側に密集戦術をやらせたりしていたようだ。

福島に来て、思う存分「密集」を貫ける状況が整った。もう誰に気兼ねすることもない。追求することで技術も磨けるこのスタイルで、選手たちを育てながら結果を出していきたい。システムは4―2―3―1。運動量豊富に呼吸を合わせてスライドしながらボールサイドに密集を作る福島ユナイテッドFCに対し、相手は守備をハメることができない。J2ライセンスを持たないチームが破竹の4連勝で首位に躍り出たのを、多くの人々が新鮮な思いで見つめた。

◆試行錯誤の末にたどり着いた〝偽サイドバック〟

だが、レヴァークーゼンがそうであったように、弱点は突かれるものだ。田坂監督自身も当初から「何試合ごまかせるか……」と笑っていたが、密集の本家と同じく、密集したところで相手に逆サイドに展開されると、一気に形勢逆転して後手に回った。

早々に「密集」への対策が施されると、第5節のSC相模原戦で引き分け、第6節・ガンバ大阪U—23戦、第7節・カターレ富山戦で連敗。密集するだけでは相手を崩せないので、全員が密集して逆サイドを捨てるのではなく、一人が必ず逆サイドに張っておき、そちらに展開して攻めようとシステムを3—4—2—1に変えた。3トップとダブルボランチ、3バックがボールサイドで密集を作り、逆サイドのウイングバックだけが残っておく形だ。これはトリニータでも似た形をやっていた時期があり、そのときはそれなりに結果も出ていたのだが、今回は第8節・ブラウブリッツ秋田戦、第9節・栃木SC戦と続けざまに敗れ、4連敗となった。

3バックシステムは4バックシステムに比べ、選手間の距離が広くなる。4バックシステムでは、2トップとダブルボランチ、ダブルボランチと両サイドハーフのスタート位置関係で密集を作りやすいが、3バックシステムではウイングバックとボランチ、3トップとの間が離れがちで、より戦力個々のパワーが求められる。そこで完全に上回られたのが、第8節のブラウブリッツ戦だった。

加えてその試合で、主力として右サイドハーフやシャドーで出場を続けていた田村翔太が負傷。右前十字靭帯断裂と右外側半月板損傷により全治6ヶ月の診断が下り、チームはシーズンの大半を、貴重な戦力を欠いて戦うことになった。

シーズン序盤は選手の意識にもバラつきがあり、主力と控え選手との力量差も大きい。戦術浸透や技術向上のスピードもまちまちで、この時期は選手を一人入れ替えると全体のクオリティーが落ちてしまっていた。第13節・ギラヴァンツ北九州戦で0―3、第14節・グルージャ盛岡戦で1―5と大量失点で連敗するとさすがに、あの開幕4連勝は何だったのかという空気になってくる。

戦力の組み合わせを変え、4―4―2にしたり4―1―4―1を試したり、4―2―3―1に戻してはまた3バックにしたりもしながら、福島ユナイテッドFCでの「密集」を追求する田坂監督の試行錯誤は続いた。夏の移籍ウインドウが開くと松本山雅から攻撃的ミッドフィルダーの志知孝明、ザスパクサツ群馬から長身フォワードの小牟田洋佑を補強したが、チームとしての〝型〟の最適解はなかなか見つからない。

そうやって悩んだ末にようやくたどり着いたのが、第20節・アスルクラロ沼津戦から採用した戦術だった。基本の立ち位置は4―4―2だが、攻撃時には2トップとダブルボランチが縦関係になると同時に、両サイドバックが絞りながら中盤に上がり、ボランチの一枚をはさんでトリプルボランチ状態に。両サイドハーフはタッチライン際まで大きく開き、極端に言えば2―3―4―1のような前がかりな形となる。

田坂監督がこのシステムを確立する際に発想のベースとしたのが、現在はマンチェスター・シティを率いるジョゼップ・グアルディオラ監督の〝アラバロール〟だった。昨シーズンのシティでその完成形を見たが、実はバイエルンで指揮を執っていた頃にもこの〝偽サイドバック〟を試したことがあり、田坂監督はそれを見ていたという。特にバイエルン時代、グアルディオラはさまざまな斬新な試みを披露した。田坂監督の「密集」はおそらく、レヴァークーゼンのみならずその時期のグアルディオラの戦術にも由来している。彼の戦術のエッセンスはJリーグでも多くの監督が参考にしていると思われ、2018年シーズンに入ってからは横浜F・マリノスやヴィッセル神戸などもこの〝アラバロール〟を採用するようになった。

◆リスク管理も備えた攻撃的システム

このシステムは、福島ユナイテッドFCの戦力の特徴にマッチした。狙いがハマれば、それがいかに理にかなっているかが目に見えてくる。

両サイドバックがボランチの1枚とともにトリプルボランチとなることで、中盤で数的優位を作りやすくなるとともに、大きく張り出した両サイドハーフのタッチライン際での上下動の範囲が広がる。後方からビルドアップするチームの最初の手順としては、センターバックからサイドバックを経由しサイドハーフへとボールを入れるパターンが多く見られるが、この〝偽サイドバック〟システムでは、相手が福島のサイドバックにプレッシャーをかけてくると、サイドハーフがフリーになり、センターバックから一発で入れることができる。サイドハーフが相手のサイドバックにケアされるならば、むしろつり出してその背後を長いボールで攻めるチャンスだ。低い位置での手数を減らすぶん、ボールをより早く前に運ぶことができるし、足元のミスで奪われてショートカウンターを食らうリスクも軽減される。

ウイング的なサイドハーフにボールが入ったら、サイドで密集の形を作る。相手も寄ってくることによって生まれたスペースをインナーラップして突くのが同サイドのサイドバックだ。攻撃に人数をかけ、数的優位を作って相手を崩す。もちろんその間にも逆サイドのサイドハーフは高い位置で張っていて、大きなサイドチェンジからのビッグチャンスに備えている。相手がそこをケアしようと一枚を割くならば、同サイドでは福島に数的優位に立たれてしまう。

福島の分厚い攻撃はあとを絶たない。相手のマークの仕方を見ながら、逆サイドのサイドバックも攻撃参加する。しかもこちらも外を回るのではなく、中へと入り込んでくる。そうすれば、同サイドに引き寄せられた相手ボランチの脇でフリーになる可能性が高い。相手がゴールを割られまいと中央を固めてくれれば、逆サイドのサイドハーフが自由にクロスを上げることができる。

形は多少異なるが、ここ1、2年のJ2やJ3には、攻撃時にリスクを負って前線に枚数をかける攻撃的なチームが多く見られる。J2なら大木武監督のFC岐阜、J3なら大石篤人監督の藤枝MYFCなどだ。神川明彦監督が率いた2016年シーズンのグルージャ盛岡などは典型的で、6トップ状態でめまぐるしくショートパスをつなぎながら相手を翻弄する。その攻撃は実にスペクタクルで、見ていて楽しいものだった。

ただ、このように攻撃的ポジションを取るチームは、えてしてネガティブトランジションが遅れカウンターの餌食になりやすい。前がかりになった状態で背後ががら空きになり、ロングボール一本で相手に抜け出されて1対1の局面を作られたりする。それほど極端ではないにしても、センターバックとサイドバックの間のスペースにスルーパスを通されてピンチになる場面がよくみられた。２０１６年のグルージャが43得点とリーグ４位の得点数を誇りながら47失点と失点数ではワースト２位タイで、最終的に13位と低迷したのは、まさに攻撃時のリスクマネジメントが課題となったからだった。

だが、２０１７年の福島ユナイテッドＦＣの〝偽サイドバック〟システムは、そういった課題についてもベースの戦術の段階でクリアされていた。規律的にも非常にシンプルで、選手にとってもとても理解しやすい。

◆他の選手の成長を促したニウドの存在

システムがハマるカギは、戦力の組み合わせが噛み合うことにある。

２０１７年シーズンの福島ユナイテッドＦＣで最も特徴的な動きをしていたのが、左サイドで〝偽サイドバック〟の役割を託された星広太だ。星のもともとの主戦場はサイドハーフで、ドリブルでの持ち上がりを得意とし、周囲と連係するだけでなく独力でも状況を変化させながらチャンスを多く生み出すことができる。その星が〝偽サイドバック〟を司った姿は、マンチェスター・シティのファビアン・デルフと重なった。チームが上手く噛み合わない時期には左サイドハーフや左ウイングバックで強引に仕掛けて失敗することが目立ったが、トリプルボランチの位置からのインナーラップでは、やわらかなボールタッチや相手の意表を突く動きといった持ち前のセンスがシンプルに生かせるようになった印象を受けた。

さらに、9月に獲得したニウドがダブルボランチの一角に入ることで、このシステムの増強は進んだ。東京ヴェルディやコンサドーレ札幌でもプレー経験を持つブラジル人ミッドフィルダーは、チャンスと見れば迷いなくゴール前へと入っていく。その頭から飛び込んでいく迫力とともに、味方へのパスを選択する目配りも持ち合わせており、相手にとっては多大な脅威となった。

だが、ニウドの加入による最も大きな収穫は、彼のプレースタイルが周囲の選手たちの成長を促した点にあるのではないかと思う。単独にして強烈な存在感を発揮するニウドの自由奔放な動きは、ともすれば組織戦術の規律から逸脱しかねない。特にこのタイプの外国籍選手を使いこなすにあたり最たる難題となるのがこの点で、生真面目に組織にはめ込もうとすれば個としての魅力が色褪せてしまう。かといって自由にプレーさせれば残りのメンバーの負担が大きくなる。その匙加減は指揮官の主義や周囲の戦力との兼ね合いで落ち着くところに落ち着くのだが、田坂監督の場合は、大分トリニータでのエヴァンドロや清水エスパルスでのウタカの起用法を見るに、どちらかというと彼らがポテンシャルを存分に発揮できるよう、できるだけ束縛せずプレーさせることを好むようだ。そうなると周囲の選手たちが賢く立ち回らなくてはならない。

福島ユナイテッドFCではそれが上手くハマり、選手たちのバランス感覚が養われた。ニウドとダブルボランチを組み、縦関係になってアンカーを務める前田尚輝が布陣全体の舵を取る。ニウドが前線に飛び出す場面では、トップ下の樋口寛規や橋本拓門が献身的にスペースを埋めた。その他の選手たちも相手のシステムや局面の状況によってバランスを考慮したポジションを取り続ける意識を高め、結果的に全体の流動性が増して、相手としてはマークしづらくなった。

足元の技術の高い前田がアンカーの位置にいることは攻撃において有利だ。決してフィジカルに長けるタイプではなく、そういう選手を中盤の底に配置すると往々にして守備面に課題が出るものだが、前田は賢いポジショニングでコースを切りながら守備に貢献し、プレスバックやクロス対応においても成長を遂げている。トリプルボランチ状態でその両側を司る〝偽サイドバック〟も、どちらかというと攻撃のほうが得意なプレーヤーだ。それだけに、前線からしっかり連動して守らなくてはならないのだが、田坂監督がトリニータで初めて監督になった頃から掲げていた「全員守備、全員攻撃」のスピリットはチームを移っても貫かれている。二度、三度とボールを追い、相手のパスコースを限定しながら、時に最終ライン近くまでプレスバックする樋口の献身性などは特に、この組織戦術を大きく支えていた。

◆〝魔改造〟は選手の能力を引き出せるのか？

もうひとつ、2017年シーズンの福島ユナイテッドFCのシステムにおいて特筆しておきたいのが、本職をボランチとする川上竜のセンターバック起用だ。フィードを得意とする大卒ルーキーを最終ラインへと下げることで、そのサイドへの展開力を生かす狙いだった。

田坂監督の最も特徴的な選手育成方法のひとつが、ポジションコンバートだ。コンバート好きの監督たちの中でも、特に好んで行うのではないかと思われる。

「その選手がいずれどこかのチームに移籍したり監督が変わったりしたときに『実はこのポジションもやったことあります』って言えれば彼の財産になるだろうし。自分の持ち場を敢えて別の立ち位置から見ることで、本来の能力を伸ばす機会にもなる。ただ無謀にやってるんじゃなくて、ちょっと適性がありそうなところでコンバートしてるわけだから」

そう話す意図と同時に、強化費に余裕のないクラブでは、現有戦力をいかに組み合わせてチームの最大ポテンシャルを引き出すかという課題もあっただろう。田坂監督はいつも「手元にある食材をどう調理して最高の料理に仕立てるか」と表現していた。

そんな田坂監督のポジションコンバートの〝餌食〟になったプレーヤーは少なくない。エスパルスのサテライトチームを指導していた頃、センターフォワードの岡崎慎司にボランチやサイドバックを経験させたのを皮切りに、トリニータでもウイングやシャドーを本職としていた為田大貴をボランチで起用したり、ストライカーの伊佐耕平を右サイドバックで使ったりした。上手くフィットする場合もあれば、どう見ても無理筋に感じられたケースもある。伊佐は不慣れなクロス対応の守備に苦労を強いられ、右サイドバックで出ているあいだじゅう、何度もピンチに絡んだ。一方で、やはりセンターフォワードを本職としていた韓国人チェ・ジョンハンは、3―4―2―1システムの左ウイングバックで起用されたのをきっかけに、カットインからの強烈なシュートという定番の武器を身につけることになった。

トリニータのサポーターたちは、愛情と不安と選手たちへの親心を入り混じらせて、田坂監督による選手のポジションコンバートを〝魔改造〟と呼んだ。

実際のところ、その〝魔改造〟にどれだけの効果があったかは検証しがたい。選手からしてみれば無理くり配置されたポジションでいきなりスムーズにプレーできるわけなどなく、結果が出ないまましばらくして元のポジションに戻されたケースもある。その、元のポジションに戻ったときに水を得た魚のように躍動しはじめたのが、別の役割を経験して視野が広がったからなのか、あるいは〝魔改造ギプス〟という枷を外された解放感からなのかも、区別し難い。いつか彼らが現役を引退する頃、あるいはもっと年老いてから、「いい経験を積んだ」と振り返るか「無茶させられた」と苦笑するか。それも、選手それぞれで異なってくるだろう。

福島でも健在だった〝魔改造〟の中で、最前線から最後尾までを経験したのが川上だった。福岡大学を卒業すると同時に3月に入ってから加入が決まった川上は、まずは本職のボランチで開幕スタメンの座を勝ち取る。4―2―3―1システムでダブルボランチを組んだのは前田尚輝で、攻撃参加する相方と縦関係を作りながらアンカー的役割を担い、攻撃では高精度のパスで数多くのチャンスを演出。守備においても対人とスペースケアの両面で、落ち着いた好判断・好プレーを見せた。

第6節までは前田と組んでボランチで出場を重ねたが、第7節のカターレ富山戦では1トップでスタート。それまで最前線を務めていたブラジル人フォワードのアレックスが急なコンディション不良により出場できなくなったとき、田坂監督は川上を布陣の頂点に据えた。フォワード初体験の川上に託したのは守備のスイッチ役だ。川上は運動量豊富に役目をこなし、その前節に出た布陣の間延びという課題を克服したが、今度は逆に中盤でボールを落ち着かせることができなくなったため、先制点を奪われるとまもなく、川上はボランチへと戻された。戦術がなかなかしっくり来ない中で、「密集」を実現するための新たなトライとして4―1―4―1で臨んだ第11節の藤枝MYFC戦では、川上をインサイドハーフに配置した。これも前線からの守備と、よりゴールに近い位置からのキラーパスに期待したものと思われる。

結果的には川上をセンターバックの一角に置いたシステムが、2017年シーズンのチームの〝完成形〟となった。攻撃における展開力とともに、守備でも先手を取れるカバーリングの的確さが、戦術の表現を支えていた。

ルーキーながら全試合フル出場した川上は、シーズン終了後にギラヴァンツ北九州へと移籍。2018年はその穴をどう埋めるかと見守っていたが、トリニータ時代の教え子であるセンターバック・阪田章裕が加入して、全試合に先発し活躍している。

◆1年目の基礎、2年目の展開

大分トリニータの監督に就任し初めて指揮を執った2011年当時から、田坂監督は戦術家ぶり全開の采配でサッカーを楽しませてくれた。

経営難に陥ったクラブがほとんどの主力選手を手放した中で、監督キャリアをスタート。唯ーの30代だった宮沢正史をキャプテンに据え、平均年齢22・3歳という若いチームを率いた。新体制発表会見で打ち出したのは「走る攻撃サッカー」。清水エスパルスでコーチを務めていた頃の経験から、スプリント能力を高めるために陸上の走法をトレーニングに取り入れる。バルセロナ五輪出場経験を持つ元短距離走者で岡崎慎司のパーソナルトレーナーでもある杉本龍勇氏のジムと契約し、「全員守備・全員攻撃」をモットーに、走力を武器としたアグレッシブなスタイルの構築に着手した。この戦術は、運動量豊富で伸びしろのある若い選手層にフィットする。ベテランの宮沢が、そんな若手を細やかに束ねた。

最初は4バックシステムでスタートし、徐々に戦術を浸透させていったが、いかんせん戦力の経験値不足による試合運びの拙さから、勝ち点を取りこぼす試合も多かった。アグレッシブに走るサッカーというコンセプトの表現に大きな手応えを得たのは、第18節のガイナーレ鳥取戦を境に、システムを3―4―2―1に変更してからだ。個々の役割をより明確にする狙いがハマり、幅を使った攻撃も機能して、ゆっくりと結果につながりはじめる。

ボランチの井上裕大が骨折により長期離脱を余儀なくされたりもした中で、得意のポジションコンバートも駆使しつつ、少ない駒をやりくりしながらクオリティー低下を最小限にとどめた手腕も見応えがあった。特にフォワードの土岐田洸平やイ・ドンミョンの最終ラインでの起用は攻撃に厚みと勢いをもたらし、ディフェンダーである刀根亮輔の1トップ起用も布陣の選択肢を広げた。12位フィニッシュと目標の10位以内には届かなかったが、その後につながる〝田坂スタイル〟の礎を築いたシーズンだった。

トリニータでの2年目は、とにかく結果を求められるシーズンになった。クラブライセンス制度の導入を前に早急な経営状態改善を迫られながら、クラブには2009年の経営危機の際にリーグから借り入れた公式試合安定開催基金6億円のうち、いまだ3億円の残債があった。これを完済し債務超過を解消しなくてはJ1昇格は認められず、ちょうどこのシーズンからはじまった「J1昇格プレーオフ」に参戦することもできない。財務のエキスパートとして大分県から出向し、2010年から代表取締役社長を務めていた青野浩志氏は、プレーオフへの参加資格を得ることを梃子に、県内の自治体や経済界、県民、サポーターから「J1昇格支援金」を募り、それによって融資を完済しようという大勝負に出た。

社長や社員はもちろん、監督以下スタッフや選手たちも募金箱を持って街頭に立ち、道行く人々に支援を呼びかけた。東日本大震災復興支援のときもそうだったが、こういう場面になると田坂監督は燃える。ましてや今回は自分が指揮するチームが直面する問題だ。「こうやって頭を下げることを通じて、自分たちがサッカーを〝させてもらっている〟のだということを、選手たちにも肝に命じてもらいたい」。田坂監督にとってはこれさえも、選手たちの育成の一環なのだった。

青野社長の熱意は地域を巻き込み、3億円を超える支援金が集まった。ついに10月12日、Jリーグからの借入金を完済し、トリニータは晴れてJ1昇格を狙える身となる。あとはチームがピッチで結果を出すだけ、というよりも、ここまで支援を募った以上、なにがなんでもJ1昇格しなくては申し訳が立たない状況になった。その精神的プレッシャーたるや、生半可なものではない。

前年にベースを築いた3―4―2―1システムを継続し、FC東京への1年間の期限付き移籍から帰還したバンディエラ・高松大樹や元日本代表ミッドフィルダー・村井慎二ら経験豊富な戦力を加えてチームの総合力は上がったが、組織として嚙み合うには時間を要した。戦術がハマらない期間も、高精度のプレースキックを武器とする石神直哉と空間認識能力に長けた三平和司のホットラインで泥臭く得点を重ね、混戦の上位争いに食い下がった。

同じシステム、似た戦術を採用するチームが増え、指揮官の工夫も求められた。第14節の湘南ベルマーレ戦では、ミラーゲームと見せかけておいて中盤の立ち位置をずらした3―5―2システムによる〝奇襲〟で相手を翻弄した。

この3―5―2の形を再採用したシーズン終盤に、チームはぐっと完成度を高める。地味ながら走力のある永芳卓磨と丸谷拓也のシャドーコンビが献身的に守備に奔走し、アンカーの宮沢正史から展開してのサイド攻撃が見事にハマって、第40節のアビスパ福岡戦でそれまでのベストバウトを演じると、プレーオフ圏内ぎりぎりの6位に滑り込んだ。

◆栄冠をつかんだ奇想天外の1バック

こつこつと勝ち点を積み重ねていくリーグ戦とは異なり、プレーオフは一発勝負。6位の大分トリニータはまず3位の京都サンガと準決勝を戦い、その勝利チームが4位・横浜FC対5位・ジェフユナイテッド千葉の勝者と決勝で対峙することになる。90分勝負の引き分け以上で上位チームが勝ち抜けとなり、会場は上位チームのホーム。6位の大分にとっては厳しいレギュレーションだ。

多くの人々の支援に応えるために意地でもJ1昇格を勝ち取らなくてはならないという責任を背負い、チームはこの大舞台に臨んだ。システムはリーグ終盤に手応えを得た3―5―2だ。

西京極総合運動公園球技場での準決勝は、朝の快晴から一転、小雨と強風に見舞われた。17分、小柄でスピード自慢のドリブラー・木島悠がペナルティーエリア左で倒されてフリーキックを得ると、セットしたボールの前に立ったのは森島康仁だった。むしろ中で競り合わせたい長身ストライカーで、シーズン中にプレースキックを蹴ったことはない。これも田坂監督流の奇襲のひとつだった。右足のやわらかなタッチから放たれた軌道は、大きく巻いて密集の頭上を越え、ゴール右隅へと吸い込まれていった。

波に乗ったストライカーは33分、左からのクロスにダイレクトで合わせて2点目。61分にはまたも木島がボックス内で倒されて得たPKで、勢いよく逆を突き3点目。90分、三平和司からの縦パスに抜け出し、トドメとばかりに流し込んで自身初の1試合4得点を挙げた。

スモールフィールドで細やかなパスワークを駆使して相手を崩そうとするサンガに対し、要所で縦パスを通させず外へと追い出す守備でその仕事を阻んだことが、この試合での有利な流れを生み出していた。その上で戦力個々の特長を生かし、幅と奥行きを使って力強くゴールへと迫っていったトリニータが、その迫力で相手をねじ伏せた一戦だった。

決勝は聖地・国立競技場で、やはり準決勝で横浜FCを4—0で下したジェフとの決戦となった。タレント揃いのジェフに対し、トリニータは5枚でブロックを作って守りながらのカウンター狙い。準決勝で負傷した永芳卓磨に代わって村井慎二がインサイドハーフの一角に入り、丸谷拓也とともに勤勉にパスコースを切ることで相手の攻撃力を削いでいたが、地力で勝るジェフは引き分けでも昇格となる精神的余裕さえ感じさせながら、ほとんどの時間帯でトリニータを押し込み続けた。

ジェフが決定機を外して助けられた場面もありながら、防戦一方のまま、刻々と時計は進む。粘り切れたとしても、スコアレスドローではミッションは成し遂げられない。田坂監督は84分、ひそかに準備していた策に打って出るべく、ディフェンダー・土岐田洸平に代えてフォワード・高松大樹をピッチに送り込んだ。単純に守備の枚数を削って攻撃の人数を増やす常套手段かと思われたが、勝負師・田坂和昭のスケールはそんなものではなかった。このとき田坂監督が指示した大分のフォーメーションは、1—1—3—5だったのだ。引き分けでは道を断たれる以上、ここまで来ればどれだけリスクを負っても結果は同じ。とは言っても、1バックとは奇想天外に大胆だった。

だが、そのときは訪れる。自陣右からの宮沢正史のキックをセンターサークル付近で頭で落としたのは、攻撃的ポジションを取っていたディフェンダー・安川有だ。これを拾った森島が前線へと送ると、きわどいタイミングで林丈統がジェフの最終ライン裏へと抜け出す。ゴールキーパーと1対1になり、テクニカルなループシュートでその頭上を抜くと、美しい弧はこの日初めての、そして唯一のゴールとなってネットを揺らした。

追いつかなくてはならなくなったジェフは超長身フォワード・オーロイを投入してパワープレーに出るが、田坂監督はディフェンダーの若狭大志を入れてオーロイをマンマークさせ、残り時間をしのいだ。

Jリーグファンの心を鷲掴みにした、ピッチ内外でのあまりに劇的な展開。シーズン最後の最後で見せた大胆な布陣には、リーグ戦でもときどき垣間見えた、田坂監督の勝負師ぶりが凝縮されていた。日頃はこつこつとトレーニングを積む指揮官の、火事場になると「おりゃー!」とばかりに肚をくくるような采配には、いつもワクワクさせられた。

◆明確な指針を設けてタイミングを合わせる

田坂監督のどの時期の戦術にも共通しているのは、ラインコントロールの細やかさだ。最終ラインはつねに絶妙な高さに保たれ続けるよう、トレーニングで徹底される。

トレーニング中には「あくまでも布陣をコンパクトに保つためであって、オフサイドを取るためではないから」と、その意図もしっかりと伝えられていた。布陣をコンパクトに保てば選手間の距離が近くなり、攻守にわたって最適な立ち位置を取りやすくなるとともに、相手をゴールから遠ざけることもできる。

相手にボールを持たれているとき、ディフェンスリーダーはボールホルダーの状況を見てラインの上げ下げを判断する。相手が前を向いて自由にパスを出せるようであれば、背後のスペースを取られないようにすみやかにラインを下げなくてはならない。問題はラインを上げるタイミングで、そのチャンスを逸したり判断が遅れたりすれば、ラインはずるずると後退し、相手をゴールへと近づけてしまう。

ラインコントロールでは最終ラインのメンバーが呼吸を合わせることが重要になるため、田坂監督はラインの上げ下げのタイミングを、状況ごとに細かく設定していた。これは選手たちにとっては非常にわかりやすい。たとえば「相手がバックパスした瞬間にボールの動きに合わせてラインを上げろ」という具合だ。前線や中盤の選手が相手ボールホルダーにプレッシャーをかけてパスコースを阻み、出しどころを失った相手がボールを後ろに戻すのと同時にラインを上げて相手を押し下げる。ボランチやセンターバックが声をかけ、ハイプレスと連動しながら「隙あらば」という感じでラインを高く保てば、布陣の間延びも防げる。そのタイミングに明確な指針を設けて呼吸を合わせやすくすることは、最終ラインに並ぶメンバーのラインコントロールの意識を高め、ボールの動きに合わせてつねにステップを踏むことや集中を切らさないことにもつながっているようだった。

選手にとってわかりやすい基準を設けるのは、ラインコントロールに限った話ではない。たとえばスローインからの攻撃時。連係プレーでスペースを空けたり相手のマークを剥がしたりするために複数のメンバーが同時に動き出せるよう、「スロワーが振りかぶったタイミングで動き出そう」と約束事を設けておく。試合展開や残り時間などによっては焦ったり緊張したりしてミスが出やすくなるかもしれないが、これだけルールを明確にしておけば、その危険性を少しでも抑えることができそうだ。

余談だが、田坂監督はセットプレーに関してもさまざまに策を凝らすため、ときには選手がその約束事を失念して作戦失敗することもあった。連係プレーの中では一人が打ち合わせどおりに動かなければ、全体の失敗につながりかねない。セットプレーの練習は、交代プランも見越して選手を入れ替えながら行うが、いざ試合になるとプランどおりに進むとは限らない。準備していなかった選手交代によりセットプレーの役割に変化が生じることもあり、それが原因で失点してしまうこともあった。

安達亮氏がヴィッセル神戸の監督を務めていた2014年、ホワイトボードに数字を書いてピッチ上の選手たちに指示を送った方法が、Jリーグファンの間で「ボード芸」と命名され話題になったことがある。よさそうだと思ったことは何でも取り入れる田坂監督も、大分トリニータですぐにそのアイデアを拝借したが、なんせホワイトボードを掲げるのでは相手にも丸見えになってしまう。

とある試合で、予定外の選手交代に踏み切ったタイミングが、ちょうどコーナーキックの守備と重なってしまった。投入するのは韓国籍のチェ・ジョンハンで、デザインプレーの細かいルールを上手くチームメイトに伝えられるかどうかわからない。そこで田坂監督は一計を案じた。ピッチ上で他のメンバーと確認しあえるよう、ポジションの数字をメモした紙切れをチェ・ジョンハンに持たせたのだ。

ナイスアイデアだと思ったが、大事な場面での出場にテンションを上げたチェ・ジョンハンは持ち場へと向かう間にこぶしを握りしめてしまい、セットプレーに備えるチームメイトのもとへとたどり着いたときにはそのメモはチューインガムの噛みカスのように丸まってしまい、読めなくなっていた。大失敗だ。

幸いにして相手のキック精度が不足していたためピンチには至らずに済んだのだが、試合後にその話を聞いてみんなで爆笑したことは、忘れがたい思い出のひとつだ。

◆アルディレス監督に「してやられた」話

サッカーは不測の事態が連続して起きるスポーツで、それによって想像を超える面白さが生まれるものだが、勝利を目指して策を凝らす指揮官の思惑があらぬ方向へとそれを増幅させることも、往々にしてある。サッカーのことになると子供のように夢中になってしまう監督ほどそういう〝事故〟も起こりやすく、田坂監督はまさにそういう意味で、何度もサッカーを面白くさせてくれた。

「戦力個々の高い能力で突破できるＪ１に比べ、Ｊ２は組織力がものを言う。指揮官同士の腹の探りあいだよ」

ことあるごとにそう言っては警戒していたが、どう見ても綿密なスカウティングに基づいてゲームプランを考えるのが楽しくて仕方ないといった風情だった。

指揮2年目の2012年、町田ゼルビアとの対戦を前に、田坂監督はいつも以上にテンションを上げていた。相手指揮官がオズワルド・アルディレスだったからだ。

「俺が小学生だった頃のスタープレーヤーだよ！　ワールドカップアルゼンチン大会で優勝したメンバーだからね。当時はアルファベット順に背番号をつけていたから、フィールドプレーヤーなのに背番号1をつけていてインパクトが強かった。そんなスーパースターと対戦できるなんて、それ自体がうれしい」

田坂監督が現役時代、ベルマーレ平塚でプレーしていた当時に、清水エスパルスを率いていたアルディレスに移籍を打診されたこともあったようだ。そんな因縁から十数年を経て、元日本代表ボランチ・田坂和昭は、元アルゼンチン代表ボランチ・アルディレスと、初めて互いにテクニカルエリアに立って対戦することになった。

試合は圧倒的にゼルビアのペースで進んだが、少ないチャンスをものにしたトリニータが2―1で勝った。戦い終えた田坂監督は興奮冷めやらぬ表情で試合を振り返った。

「いやあ、勝ったから言えるんだけど、してやられたよ！　さすがアルディレスだった！」

その「してやられた」というゼルビアの戦い方とは、左サイドが極端に高い位置を取り、布陣全体が左に寄った変則的な形にスライドしながらトリニータの右サイドから崩していくというもの。いわゆるアルゼンチンでは古くからポピュラーな〝メディア・ルーナ〟だ。システムはダイヤモンド型の4—4—2ながら3トップ気味になるゼルビアの攻撃陣を上手くマークすることができず、トリニータの右サイドは終始押し込まれっぱなしになってしまった。三平和司とイ・ドンミョンを縦に並べた右サイドのストロングポイントを封じられ、かと言って逆サイドに展開できるかと言えばすぐに奪い返されてままならず、田坂監督は修正の急務に迫られる。選手を交代させたり入れ替えたりして左サイドを活性化したところ、ゼルビアも選手交代でそれに対応。そのアルディレスとの采配合戦が、田坂監督にとっては実にエキサイティングだったようだ。

だが、試合後にゼルビアの選手たちに確認したところ、アルディレスからはそんな指示が出ていたわけではなく、「自然と左サイドに寄ってしまった」だけだという。右サイドバックの三鬼海は「前半はみんなが左に寄っていたから僕がボールを持ってもサポートがなくて攻め上がれなかった」と証言した。ということは、「アルディレスにしてやられた！」と地団駄を踏んだのは、田坂監督が深読みしすぎただけだったということなのか。

いずれにしてもピッチ上でそういう現象が起きていたことには変わりないので田坂監督の修正は的を射ていたのだが、いちいち「してやられた！」と騒いでくれるあたりに指揮官同士の駆け引きが垣間見えて、こちらとしては面白くて仕方がなかった。

◆できてしまうがゆえに小手先の工夫にハマる

昇格プレーオフを勝ち抜いて田坂監督自身初のＪ１にチャレンジした２０１３年シーズンは絶望的なまでに勝てず、最終的に2勝8分24敗で最下位となった。だが、それでも狙いや交代策はハマり、どの試合でも内容的には悪くない展開をものにしていた。相手との個々の力量差が組織の骨格の細さにもなって、全体でじわりと力負けする試合を繰り返した印象だ。

２０１２年にＪ２で浸透させた３―５―２システムによる戦術はある程度は継続されたが、前年、昇格に貢献した主力選手を手放さざるを得なかったのが痛かった。田坂監督のコーチ時代の人脈をたどってＪ１でのプレー経験が豊富な新戦力を多く獲得し、Ｊ１での戦いに対応できるようポゼッションスタイルを目指したが、負傷者が相次ぎメンバーを固定できない。守備組織の連係を高められないまま、出場可能な戦力をやりくりしながら騙し騙し戦う日々が続いた。

Ｊ２ではなんとかしのげていた場面も、スピードやテクニックでワンランク上のＪ１のプレーヤー相手には苦戦を強いられた。特に最初のうちはアンカー脇のスペースを突かれる場面が多く、アンカーを攻撃的な宮沢正史から守備的なロドリゴ・マンシャに代えてみたり、３バックの両脇にスペースをケアさせたりと、指揮官の試行錯誤は続いた。

夏の暑さが厳しくなると、若手のほうがコンディションが安定していることもあり、走力を生かす縦に速い戦術へと切り替えた。システムも3―4―2―1へと戻し、ダブルボランチにしたことで守備はいくぶん安定したが、二つの戦術で起用する戦力もその特徴によって分かれてしまい、当初目指したポゼッションスタイルで生きる戦力の活躍の機会は少なくなってしまった。

8月にFC東京から梶山陽平を期限付きで獲得すると、また徐々にポゼッションスタイルが復活する。膝のコンディションが万全でなかった梶山をスーパーサブとして4―2―3―1システムのトップ下で起用し、試合終盤の追い上げを図るプランも採用した。

第28節のセレッソ大阪戦に敗れてJ2降格が決まると、基本システムを4―4―2に変更。統制の取れたラインコントロールと素早い帰陣でコレクティブなサッカーを披露するようになった。この形が最も結実したのが、2013年シーズン最後のゲームとなった天皇杯準々決勝横浜F・マリノス戦だった。

個々の力量差や戦力の不揃いといった難題を抱えながら、指揮官の戦術と采配でなんとか踏みとどまろうとした1年だったが、いまになって思えば、その指揮官の能力ゆえに、なまじ上手くいっていたおかげで出た弊害もあったかもしれない。

2013年のチームは目の前の相手への対策に追われるあまり、新旧の戦力を融合させてそのシーズンの〝型〟を成熟させる暇がなかったように思う。悪い言い方をすれば、それができてしまうがゆえに小手先の工夫が目立った、ということになる。地道に続けていた基礎トレーニングが実を結んだ手応えを得たのは、シーズン終盤になってからだった。昇格するならばその前年からひとつ上のステージで戦えるだけの力を養い、それを継続させることが必要だと、身を以て思い知った一年だった。

◆〝戦闘服〟としてのタサカコトバ

全くと言っていいほど勝てない苦しい状況下で、技術や戦術面以上に選手たちのメンタル面へのアプローチが細やかに施される様子は、相当に見応えのあるものだった。

前半に締まりのないプレーをしているとハーフタイムにゲキが飛び、後半からは生まれ変わったように躍動感あふれて流れを引き寄せる。そんな試合が、監督に就任した最初のシーズンからしばしば見られ、トリニータのサポーターたちは愛を込めてそのゲキを「タサカミナリ」と呼んでいた。「なんかパッとせんなー。タサカミナリを落としてもらわんとならん」といった具合だ。

2013年には、サーキットトレーニング中の選手たちひとりひとりに向けてただ「頑張れ！」「頑張れ！」と声をかけ続けた朝もあった。確か第19節・FC東京戦後だったと思う。前半こそペースを握れたにも関わらず、後半は相手がシステムを変え、個の力量でねじ伏せられて惨敗した試合。攻守にタレントを揃える相手との格差を見せつけられたような展開での5連敗目に、心が疲れはじめたタイミングだった。

そのシーズンをもって契約満了となり、2014年からは千葉県社会人サッカーリーグ3部のコラソン千葉で選手兼任監督、その後に城西国際大サッカー部で指導者となった村井慎二はトリニータを離れるとき、こんな言葉を残した。

「これほど勝てないシーズンはこれまでになかったので、監督が選手たちにどういう言葉をかけるかとか、どういうふうに試合に入るかといった細かいところを見ていました。勝てない日が続くと頭も疲れてくるし、体もすっきりしなくなる。そういう負の連鎖がなかなか止められないなかで、田坂さんはいつも、いいものを選手に与えていたと思う」

田坂監督の放つ言葉は、独特の力をはらんでいる。印象的なフレーズを生み出す語彙力と、確信を持って言い切る声のトーンや抑揚が相乗して、聞く側に届くようだ。聞き手の能力を信用して言葉をざっくりと投げ出すところと、微に入り細にわたって説明をほどこすところのバランスの取り方にも長けている。トリニータの監督に就任した当初からその語録は注目され、一時期はタウン誌に『タサカコトバ』というコーナーも連載されていた。

戦術をわかりやすく伝えるときにも、モチベーションを上げるときにも、タサカコトバは輝きを放つ。

「緊張しろ。そこから、いかにリラックスした状況に持っていけるかも能力のひとつだ」（監督として迎える初めての開幕戦を前に）

「悩んで迷った末に掴み取ったものが、結果的に〝自分らしさ〟になる」（勝てない試合が続き試行錯誤していた時期に）

「100%には合わせない。80%の時期をいかに長く保つかを考える」（新体制発表会見で、シーズンを見通して）

プレーオフ決勝に臨むときには「これは決勝戦じゃない。決戦だ。決勝戦なら負けても準優勝だが、決戦で負けたら俺たちはただの6位だ」と煽った。そのときどきの言葉がいつも質量を持っていたから、心が動いた。

田坂監督が「叱り甲斐があった」と笑いながら振り返る、トリニータ時代の教え子・為田大貴は、恩師の言葉をこう評した。

「毎節、試合の前に監督の言葉でちょっとずつ強くしてもらった。監督に戦闘服を着せてもらってピッチに出ていくようだった」

◆専門知識に裏付けられてアプローチを強化

そういった言葉の力を支えているのは、メンタルコンディショニングに対する意識の高さだと思われる。一戦一戦に向けて緻密に戦術を落とし込むが、最後の部分は心で戦うものだ、といつも言っていた。

その考え方は、監督キャリアを過ごす数年のあいだ、微塵もブレることはない。むしろ福島に行ってパワーアップしていた。

「以前から言っていたけど、気持ちが充実してなかったら体が動かないということを、4連勝のあと4連敗して、より感じた。このチームは気持ちの部分を変えなきゃいけないと。それで、まずはそのために自分が変わらなきゃって思ったんだよ」

そのときに田坂監督がふと思い出したのが、岡田武史氏が2010年サッカーW杯に臨む日本代表チームを率いたときの記事だった。そのチームづくりをサポートしたのが、独自のメンタルトレーニング理論によりバスケットボールやスピードスケート、プロ野球といった幅広い競技のプレーヤーを指導しているスポーツ運動学の権威で、岡田氏とともに『日本人を強くする』という本も出している白石豊教授だ。その白石教授は、確か福島大学で教鞭を執っているはずだった。田坂監督は早速、福島ユナイテッドFCの社長を通じてアポイントを取ってもらった。

だが、よりによって白石教授は2016年度限りで福島を離れ、現在は岐阜の朝日大学でメンタルマネジメントの講義にあたっていた。田坂監督は白石教授に頼み込み、毎月1回、チームがオフの日に、岐阜まで白石教授の講義を聴きに通うことにした。大学生に混じって90分間聴講した後、3時間ほど白石教授とマンツーマンでディスカッションを行う。

「白石先生に教わった言葉で『前後際断』というのがあってね。前というのは未来のこと。後っていうのは過去のこと。未来のことはわからない。過去のことはもう絶対に変えられない。だからどちらも切り捨てて、いまここに集中しなさいと。いろんなことを考えるからメンタルが落ちたり、いろんな不安要素が出てくる。そうではなくて、いまこのときに集中する。サッカーにしても同じ。ワンプレーワンプレーに集中すれば、変に考え込んでメンタル的に落ちることもまずないという大前提なんだ」

そういった具合に、田坂監督は白石教授から得たものをチームに落とし込んでいく。セルフトークの方法やゾーンに入りやすい心拍数についてなどを話すうちに、選手たちの顔が上がるようになってきた。福島ユナイテッドＦＣのフロントスタッフたちも「今年は選手たちの表情やたたずまいがプロらしくなった」と口を揃えた。

トリニータ時代から似たようなことは話していたが、白石教授との出会いにより、それに理論的な裏付けが出来たことが大きいのだと田坂監督は言った。「専門的に学んだことで、理路整然と選手たちに伝えることができるようになったし、いままでとはちょっと違った視野を持てるようになった」という。どうりでタサカコトバに磨きがかかるわけだ。

◆サッカーを〝ただの競技〟では終わらせない

福島ユナイテッドＦＣは実に風通しのいい社風らしい。フロントスタッフもチームスタッフもひっくるめて全員の机がワンフロアにある。「たまにうるさいときもあるし、まだアマチュアくさいところもあるんだけど」と言いながら田坂監督はうれしそうだ。そばを通りかかったフロントスタッフも、「田坂さんが来たばかりのときは毎月懇親会をしましょうって言ってたんですけど、わざわざそんなことしなくてもいいくらい、いつもみんな顔合わせてるねって言って、懇親会は取りやめになりました」と笑った。

震災からの復興活動はいまも続いている。アウェイのスタジアムにブースを作ってもらって福島の特産品を運び込み、販売する。果樹園のオーナー制度を利用して桃や林檎を育て、剪定や収穫のときには選手たちも作業に参加する。さらには田を一反購入して、米も作るようになった。「ニウドが育てた桃」だとか「樋口寛規が収穫した米」だとかが、福島ユナイテッドＦＣ印で出荷されるのだ。

ホームゲームの前日には、スタッフだけでなく選手まで総出で会場設営に励む。監督ももちろん率先して作業する。練習後にパーテーションを運び、自らの戦いの舞台をセッティングする。田坂監督が手放しで評価するクラブの取り組みのひとつが、選手たちのスクールコーチとしての仕事だ。他の多くのクラブのように専任のコーチがいてときどき手伝うというのではなく、選手主導でカリキュラムをこなす。「指導者の立場で子供たちにわかるように伝え、飽きさせないように工夫する。選手たちにとってすごくいい経験だから、午後はそっちを続けてもらってるんだよ。おかげで二部練はできないけど、それに代えがたい財産になるから」

Ｊ２ライセンスを取得するためには、たくさんのクリアしなくてはならない条件がある。スタジアムを整えるために行政の協力を仰ぐなら、まずは観客を増やさなくてはならない。ホームゲームの前に開催するイベントのアイデアをひねり出そうと、プロ野球チームの情報も集める。

「震災の影響で子供が遊ぶ施設やサッカー場が少なく、われわれもその中で予約の取り合いになる。それに、このクラブにはＵ―12とＵ―15のチームはあるけれど、Ｕ―18はない。この課題を解消しなくてはJ3ライセンスも剥奪されてしまう」

田坂監督が燃える〝逆境〟が、ここにはあった。本領発揮と言わんばかりの躍動は、シーズンオフも続く。

「この立場だけど、スポンサーを増やすために、このオフは営業に出かけようと思うんだ。社員と一緒に挨拶に回るんじゃなくて、自分自身が営業マンとして、県外のツテも使ってプレゼンしに行く。いままでJ1やJ2で『はい、監督です』って言ってピッチ内のことだけを一所懸命やってきたけど、このチームをよくするために、このチームの将来のために協賛してくれないかと訴えに行くよ」

より下のカテゴリーでJリーグの現場を経験することで、葛藤もありながら自らが動く。大分トリニータ時代から選手たちにも求め続けてきた「俺たちはサッカーをさせてもらっているんだ」という感謝の思いは強くなる一方だ。

「監督という仕事は、戦績を上げなくては自分の経歴に傷がつくとか、周囲の顔に泥を塗るとかいった思いもあって、勝つことばかりに視野が集中してしまいがちかもしれない。でも、それだとサッカーは〝ただの競技〟になってしまう。もちろん勝たなくちゃ評価されないんだけど、それはあなたの目線だけでしょって俺は思ってるから。サッカーを通じてクラブや地域をよくしたいと考えるのであれば、子供たちが遊べる、子供たちを連れてもう一回来たいとお父さんが思える、ここの食べ物が美味しいとかここに来ればいろんなものがあるよっていうところに、サッカーがあって福島ユナイテッドFCが盛り上がるっていうのが、真に貢献するってことなんだろうと、いま考えているんだ」

◆イバラの道を選ぶ男

「アンパイな道とイバラの道があったら、俺はこれからもイバラの道を選んでいくんじゃないかと思う」

トリニータで監督に就任した2011年、インタビューに応えてそう言った。

当時の大分フットボールクラブは、2009年に明るみに出た未曾有の経営危機から再建を図り、最もどん底にあった時期。指揮官に提示された年俸額も最低ラインだった。他にもっと条件のいいオファーもあり、そこで1年間コーチ経験を積んだあと監督への道も開かれていたのだが、それでもその話を断って、大分トリニータを自身の監督キャリアのスタートに選んだ。

「逆にそういうほうが面白いんじゃないかと思ったんだよ。それは冒険心なのか、攻撃的なのか、反骨心なのか。苦境に立たされると奥底から湧き出てくるものがあるからね。そんなに借金があるんだったら、じゃあみんなで返しましょうって」

トリニータでもエスパルスでも、周囲からは「絶対やめといたほうがいいよ」と言われた。でも、誰も引き受けたがらないことを、泥をかぶってやる人間も必要だ。

「サッカー人生ではいろんなことがあって、いろんな批判を受けて、いつか終わるときが来る。

でも、世間に何を言われようが、終わるときに自分が『ああ、しあわせだった』と思えればいい。もしも結果を出せる監督になれたとしても、その人のために陰で人生を無駄にしている人がたくさんいるようなことになるなら、俺はそんな生き方はしたくない。世間ではもてはやされていても、いつか刺されるんじゃないかって心配になるくらい他人に恨まれる人もいる。逆に、この人は結果は出なかったけど、人としていろいろ助けてくれたりいろんなことをやってくれたな、というほうが、俺は絶対いいと思ってるから」

この侠気が、人を惹きつけてやまないのだろう。他の監督だったら絶対に干していただろうと思うような選手のことも、なんとか手塩にかけて使おうとする。そんな自分の手厚さを断ち切るように「これからは上のレベルの選手に合わせていく」と宣言したこともあったが、結局はどこかで、最後まで面倒を見てきた。ある視点に立てば、それは監督の資質として〝弱さ〟にもつながるのかもしれない。それでも、これまでトリニータやエスパルスで指導してきた選手や一緒に働いてきたスタッフたちは、ことあるごとに全国各地で「田坂会」を開く。松本山雅でともに苦労した反町康治監督とも、何かにつけてＬＩＮＥなどでサッカー談義を続けているという。

「いろいろ大変なこともあったけど、どれも自分の中では勉強になってきたしね。それはそれで収穫で、誰のことも恨んだりはしない。人として真っ当なことをやっていかなきゃ、それこそ信頼関係は築けないでしょ？」

自身に降りかかってきた境遇を受け止め受け入れて、より自分らしく切りひらいていくこと。

その「人としての生き方」を土台に、田坂監督のサッカー哲学は築かれてきた。

「その先に何もないサッカーはしたくない」

勝利至上主義に異を唱えるように言い続けてきた言葉の底には、そんな真意が息づいている。そうは言っても、「結果がすべてではない」などと言いながら、相変わらず戦術の開拓には余念がない。いまはナポリのサッカーに注目しているようだ。「ショートパスをつないでサイドから攻めている。選手もそれほどいいのがいるわけじゃないんだけど、負けなしが続いたりね。あのおじさん監督、結構面白いんだよ」とサッリ監督を絶賛していた。

２０１８年シーズン、「密集」は新たな展開を迎えつつ、福島ユナイテッドFCは一桁順位を爆走している。

あふれ出る男

片野坂知宏

◆パスするたびに悲鳴が上がるスタジアム

ボールが動くたびに、スタンドからは悲鳴が上がった。

ゴールキーパーからセンターバックへ、センターバックからもう一枚のセンターバックへ。そして再びゴールキーパーへ。その足元を目掛けて、威嚇するように相手フォワードが勢いよく距離を詰めてくる。ボールを持っていたセンターバックは、あわや相手に奪われるかというぎりぎりのタイミングで、隣にいる味方へと横パスした。今度はその選手に向かって、相手のサイドハーフが激しくプレッシャーをかける。ボールは再びゴールキーパーへ。相手フォワードはまたも、キーパーのミスを誘うように猪突猛進する。

あと一瞬、相手が早ければボールは奪われてしまう。そうなったらゴールは目と鼻の先だ。簡単に蹴り込まれて失点する羽目になる。パスを受けたり出したりする選手たちがおっかなびっくりだから、なおさらスリリングに見える。

「前に蹴らんか！」

ディフェンダーとゴールキーパーとの間でばかりボールがやりとりされる様子に、シビレを切らしたように野次が飛んだ。「逃げるな、この腰抜けが！」「前、前！」と、連鎖したようにその周囲からも声が上がりはじめる。

と、そのとき。自陣深くでボールを受けたボランチが、寄せてきた相手をするりとかわすと前を向いて鋭い縦パスを入れた。回されるボールを奪おうと知らず知らず前がかりになっていた相手の背後は、いつの間にか手薄になっている。チームはこの瞬間を待っていたのだった。

相手がガラ空きにしたスペースでシャドーが縦パスを収めると、まるでスイッチが入ったかのように、もう一枚のシャドーと1トップが流動的にパス交換しながら素早く相手ゴールへと迫った。シュートは枠をとらえきれなかったが、スピーディーで躍動感あふれる攻撃は、さきほどまでとは一転して観客を沸かせた。

そしてこのとき、躍動していたのは選手だけではない。

ピッチサイドで腕組みをしてボール回しを見守っていた指揮官が、突如として激しく前方を指差しながら叫んだかと思うと、こちらが空いているとばかりに両手を振りかざしながら飛び跳ねる。前線にボールが入ってからは自らもその攻撃に参加しているかのようなアグレッシブさで跳ね回り、シュートが枠を外れると見るや地面に膝をついて頭を掻きむしった。

テクニカルエリアから飛び出しそうになって第4審判に注意されながら、ラインから出ないように爪先立ちになって全身でピッチに指示を送る様子は、バレリーナ（あくまでも男性バレエダンサーではない）のようでもあり、火渡り修行のようでもある。ピッチ上の展開も面白いが、ピッチサイドで跳ねる指揮官からも目が離せない。中継用にテクニカルエリア専用カメラを配置し、ピッチの様子とあわせて2画面表示で見守りたいくらいだ。それほど指揮官の動きは、戦況と連動していた。むしろテクニカルエリア専用カメラだけで試合内容が知れるレベルだと言ってもいい。

大分トリニータの片野坂知宏監督。2016年、トリニータがJ3降格したシーズンからチームを率いると、監督キャリア1年目にしていきなりJ3優勝を遂げ、1年でのJ2復帰を果たしてクラブ存続の危機を救った。現在も元気にJ1昇格を目指し、3年目のシーズンを戦っている。

観客をハラハラさせるパス回しこそが、片野坂監督の目指すサッカースタイルの象徴的なシーンだ。いや、本当はハラハラさせてはいけないのだが、シーズン序盤のまだ十分に成熟していないチームは、パスの出しどころを探すうちに勢いよく向かってくる相手に慌て、危なっかしいプレーを頻発する。こんなにゴールに近いエリアで相手にボールをかっさらわれてしまったら、一巻の終わりだ。足元の小さなミスや出し手と受け手とのわずかな呼吸のズレが、たちまち失点につながってしまう。それでもそのリスクを負って、まったりとしたボール回しで相手を引きつけられるだけ引きつけるのが〝片野坂流〟。十分に食いつかせておいて、その逆を取り、背後を突く。そうやって有利に攻めることのできる状況を作り出し、ひとたび攻撃のスイッチを入れたら一気呵成にスピードアップして相手を置き去りにするという意図が、そこにはある。

ピッチに立つ選手たちにしてみれば、相手のプレスのみならず精神的なプレッシャーも半端ない。ミスして失点するくらいなら、大きく前方に蹴り出してこの状況から逃れたい気持ちがつのる。だが、指揮官は言うのだ。

「続けなければ上手くならない。結果に対しては僕が責任を取る。ミスしてもいいから続けてほしい」

その言葉に背中を押され、選手たちはボールをつなぎ続けた。試合を重ねるごとに選手間の意思疎通も高まり、ボールの動かし方にも約束事が浸透してきて、次第にプレーから危なっかしさが消えた。相手が寄せてくるのを待ちながら余裕を持ってボールを逃がす様子からは、猫をオモチャにじゃれつかせるように、相手を手玉に取っているのだとわかるようになる。そうなると観客もそれを理解し、「あれを見ないとかえってモヤモヤする」などと言って面白がるようになった。

◆それはまるで降臨した救世主のようだった

片野坂監督が就任した当時、トリニータを運営する大分フットボールクラブは、先の見えない闇の中にいた。

2015年シーズンのトリニータは、ボタンを掛け違えたかのように開幕戦から大きくコケる。その後もコントロールを失ったように不安定な戦いを繰り返し、下位に沈んだままシーズン終盤を迎えると、J2・J3入れ替え戦で町田ゼルビアに敗れ、「J1在籍経験クラブで初のJ3降格」という不名誉な記録とともに、無様に転げ落ちた。

J3という未知のカテゴリーに落ちることが、クラブの運営にどれだけ影響を及ぼすかが予想できない。引責辞任した社長の後任も、なかなか決まらない。選手たちにも生活がある。来シーズンの見通しが立つまで様子を見るような悠長なこともできず、移籍先を見つけた者から順に、次々にチームを去っていった。

サポーターの心をつなぎ止めるだけの魅力がまだ残っているとも言えなかった。トリニータには、ジェットコースターのように好不調を行き来するクラブを長年見守ってきたサポーターたちがたくさんいる。彼らの心は、波乱万丈なクラブ史の中で簡単なことでは折れないレベルに鍛え上げられて、実にマッチョだ。J1で残留争いを繰り返すうちにいつの間にか未曾有の借金を抱えていた溝畑宏社長の「逆境さんいらっしゃい」。その経営危機の後処理を任されていきなり20億円もの負債を背負うことになった青野浩志社長の「修羅場上等」。そういった、そのときどきの社長たちの語録が、トリニータのサポーターの合言葉になってきた。街頭で募金を呼びかけたり、お金を出し合ってスポンサーになったりと、トリニータが危機に陥るたびにむしろ生き生きと活動する姿を見せてきた、実に頼もしい人たちだ。

それでもさすがに初のＪ３降格となると、今回ばかりはそんな人たちからも愛想を尽かされるのではないかと思われた。

時を同じくしてJリーグ中継の放映権も「スカパー！」から「ＤＡＺＮ」へと移っている。ＤＡＺＮが、これまでには実施されていなかったＪ３の試合中継も行うということで、観客動員や情報ビジネスにどのような影響がもたらされるのかも未知の世界だ。トリニータを取り巻くすべての人が、ぽっかりと空いた暗い穴の中で、何も見えない不安と戦っていた。

そんなカオスな状況をクラブの最前線で一身に背負うことになったのが、西山哲平強化部長だった。２０１５年６月、それまで強化部長を務めていた柳田伸明氏が監督に就任したことで、部下だった西山氏が強化部長代理の任に就いたが、その半年後には柳田監督もＪ３降格の責任を取ってクラブを去り、ほかに強化部スタッフもいない状況で路頭に放り出された形だ。

「Ｊ３というカテゴリーの壁を痛感した」

のちに西山強化部長は、当時の苦闘をそう振り返った。〝県民クラブ〟の名の下に大分県から大きな援助を受けてきたトリニータの大失態に、県知事も「これからはＪ３なりのたたずまいで運営させなくてはなりません」と、突き放すようなコメントを発している。強化費が大幅に削られることは間違いなく、果たしてチームとして成立するだけの戦力を確保できるのかと、不安はつのるばかりだ。

年俸の提示額は大幅に下げざるを得なかったが、西山強化部長はとにかく全員に、契約延長をオファーした。もともと誠実で堅実なことしかできない人物だ。きれいごとも嘘も言えない。ただひとつ、選手たちをつなぎ止める秘策があるとすれば、それは魅力的な後任監督を連れてくることだけだった。たとえカテゴリーを下げても、少しばかり年俸が下がっても、この指揮官の下でなら面白いサッカーができるのではないか。選手たちにそう思わせる監督を連れてくることができれば、チーム編成の大きな後押しになる。

監督候補として、何人もの名前が噂に上った。その中で最も濃厚だったのが、片野坂氏だった。当時はガンバ大阪でヘッドコーチを務めていたが、トリニータとのつながりも浅くない。2000年に数ヶ月、2003年に1シーズン、現役選手として過ごしキャプテンも務めた元ディフェンダー。引退してからは強化部スカウト担当やアカデミーコーチとして2006年まで在籍し、その後はガンバ大阪とサンフレッチェ広島で、指揮官の参謀役や若手の指導に携わっていた。

実はすでに片野坂氏で内定しているにも関わらず、ガンバが天皇杯を勝ち上がっているため、シーズン終了まで発表できないのだという話も流れた。J3降格という絶望的な状況下で、とにかく早く次の指揮官を決めてほしいトリニータのサポーターたちは、心をひとつにして一日も早いガンバの天皇杯敗退を願ったに違いない。その切実なる期待を裏切って、ガンバはわが国最大のトーナメント戦をきっちりと頂点まで勝ち上がり、トドメに優勝を遂げた。

さあ、ガンバのシーズンも終わったよ！

カモン、新監督！

サポーターたちが固唾を飲んで待ちわびる中、ようやく監督人事が発表になったのは1月も11日を過ぎてからのことだった。片野坂監督爆誕情報は、ひさびさの明るいニュースとして大分を駆け巡った。曇天が裂けて光が射し込むように、希望が見えた、と思った。

「危機に陥った古巣を救いに来ました。僕は指導者としてのスタートを大分で切り、このクラブでS級ライセンスも取らせてもらった。選手時代にはあまりチームのために貢献できなかったぶん、いまこそ恩返しの時だと思って決断しました」

新体制発表会見でそう語る姿を、手を合わせて拝みたい気分だった。あとから聞けば、すでにガンバでの契約更新もほぼ決まっており、その先のキャリアアップの道も見えている状態だったという。当然、ビッグクラブのほうが待遇面でも上回っていたはずだ。それでも駆けつけてくれた侠気に、全トリサポが惚れた。

◆世界大会で一試合限定の指揮

なにしろトップチーム指導者となってからの実績がすごい。2010年、2011年の2

年間を除いたすべてのシーズンで、なんらかのタイトル獲得を経験している。ガンバではＡＣＬ、２００７年のナビスコカップとゼロックススーパーカップ、２００８年の天皇杯に２００９年の天皇杯。サンフレッチェでは２０１２年、２０１３年とＪ１連覇を果たし、ゼロックススーパーカップでも優勝している。再びガンバに戻ってヘッドコーチとなった２０１４年にはＪ１と天皇杯とヤマザキナビスコカップ（現ルヴァンカップ）で３冠、２０１５年にもゼロックスと天皇杯で２冠。

そんな経歴を知れば、期待するなというほうが無理というものだ。クラブが再起を懸けて打ち出した「１年でのＪ２復帰」という目標も、まだシーズンがはじまってさえないうちから現実味を帯びて感じられる。

脇を固めるスタッフの顔ぶれが、その期待をさらに煽った。ヘッドコーチに就任した吉村光示氏も、２００４年から２００５年にかけてトリニータでプレーしたかつての〝トリ戦士〟だ。その下でコーチを務める山崎哲也氏は２００８年にトリニータのナビスコカップ優勝に貢献して引退すると、トップチームのコーチを経てアカデミーで指導にあたり、トリニータＵ―18を高円宮杯Ｕ―18プレミアリーグ昇格へ導くなどの実績を上げている。ＧＫコーチの吉坂圭介氏は、長年トリニータに関わる中で、西川周作や梅崎司、清武弘嗣ら名だたるアカデミー出身プレーヤーを育ててきた〝陰の主〟。彼らを呼び集めてきた西山強化部長も、現役時代にはその背番号から〝ウルトラセブン〟と呼ばれ、クレバーで安定したプレーによってトリニータの黄金時代を築いてきた過去を持つ。

自身も非常に誠実で真面目な人物として知られる西山強化部長が「一体感を持って戦える」と信頼して白羽の矢を立てたコーチングスタッフたちは、旧知の仲でもあり、トリニータの歴史的背景を共有してきた絆で結ばれている。片野坂新監督も「僕は何でも一人で決めることはしたくない。コーチをはじめとする周りのスタッフや選手たちの意見を聞きながら、みんなと相談して考えたい」という主義を前面に打ち出すタイプで、彼らの結束感はチーム発足当初から高かった。

片野坂監督はガンバのヘッドコーチだった2015年に、一試合だけテクニカルエリアに立ったことがある。ACL準決勝、広州恒大との第1戦でのことだ。その直前の準々決勝第2戦・全北現代戦で、長谷川健太監督が後半アディショナルタイムの劇的決勝ゴールに興奮したあまりピッチに飛び出し退席処分を食らってしまったため、その代理として急遽指揮を執ることになったのだった。

結果は2―1で敗れたが、オウンゴールながら貴重なアウェイゴールも挙げ、第2戦に復帰してくる長谷川監督へとバトンを返した。ホーム・アンド・アウェイ方式のACLで、逆転されながらアウェイで1得点という、攻めるか守るかの判断の難しい試合展開となったが、この一戦限定の指揮官はリスクマネジメントしながら攻撃的スタンスを貫き、バランス感覚に秀でた采配ぶりを披露した。

のちに、監督代理として初めて立ったテクニカルエリアでの手堅い指揮ぶりについて問うと、「あのときは僕は健太さんのやり方のとおりにやっただけだから。どんな場面でも『いま健太さんだったらどうするかな』ということだけを考えてました」と、恥ずかしそうに笑った。確かにあの試合では、バレリーナでも火渡りでもなかったような気がする、と、テレビの画面越しに見守った勇姿を、懐かしく思い出した。

◆新風は慎重に吹きはじめた

ボロボロになったトリニータに、きっと新しい風を送り込んでくれる。

そう期待して迎えた片野坂監督が、どのようなサッカーを見せてくれるのかが、とても楽しみだった。

サンフレッチェ広島のコーチ時代にミハイロ・ペトロヴィッチ監督と森保一監督、ガンバ大阪のヘッドコーチ時代に西野朗監督と長谷川健太監督の影響を色濃く受けたという。

「守備は健太さん。攻撃に関してはミシャさんのアイデアがとても面白かった」

そう聞いて、攻撃好きを自認する片野坂監督のことだから、きっとそれはサンフレッチェでペトロヴィッチ監督がやっていたような3―4―2―1の可変システムによる攻撃的スタイルに違いないと予想した。サンフレッチェでコーチと選手としてともに戦った経験豊富なミッドフィルダー・山岸智を呼び寄せてキャプテンに任命したのも、その戦術をピッチで描き出すための右腕にするつもりなのだと思った。手元の選手層も、3―4―2―1にハマりそうに見える。

だが、そんな予想を裏切って、片野坂監督の選んだフォーメーションは、最もオーソドックスな4―4―2だった。

やや拍子抜けしながら「可変システムをやると思ってました……」と言うと、われらが指揮官はこう答えた。

「このチームは昨シーズンまで4―4―2でやってきていますからね。それまでの積み重ねもあるだろうし、選手たちもそのほうが入りやすいだろうと思って」

こちらとしてはもう何でもいいから新しい風で、しかもハリケーンレベルの結構な強風で、昨シーズンのしんどかった記憶を一刻も早く吹き飛ばしてもらいたいのだ。これまで毎年のようにシーズンが終わるたびに選手たちが大幅に入れ替わり、どうせ積み上げてきたものなど何もない。そもそも2015年シーズンにあれだけ大崩れしたのも、2014年シーズンに一年間かけて築いてきたチームから、その支柱となっていた選手たちを放出してしまったことに起因している。今シーズンだって、残った選手も移籍してきた選手もみんなそれぞれに期待したり切り替えたりして新しい場所へと向かっているのだから、そんなこと気にせずに好きにやってほしいとも思うのだが、新指揮官の入りはなかなか慎重だった。

システムは4―4―2でも、後方でボールを動かして相手を引きつけ空いたスペースへと展開する〝ミシャ式〟の戦法は取り入れようとしていたが、それについても、あまり無理はしなかった。

いまにして思えば、チームを1年でJ2に復帰させるというノルマの下で、浸透に時間を要する戦術に最初からチャレンジすることをためらう気持ちもあったかもしれない。初めて現場の最高責任者となった自身の力量がどれだけのものかと測りながら、ある程度やっていけるという手応えを得るまでは、という姿勢なのかもしれなかった。就任した瞬間に「さあ、理想のサッカー目指すぜ！」とばかりにイケイケになるような監督もかなり魅力的だが、丁寧に手触りを確かめつつ歩みはじめるような片野坂監督のたたずまいも、長きにわたってJ1のビッグクラブで下積みを続けてきた凄みを感じさせて、逆に迫力がある。

そしてそれ以上に、〝自分のやり方〟を押しつけることをしない人だった。監督に就任した当初、「スタッフや選手たちの意見を聞きながらみんなでチームを作っていきたい」と話していた言葉は、空虚なものではなかった。すでに監督就任へのオファーが届いていたという2015年12月、トリニータのJ3降格が決まった町田ゼルビアとのJ2・J3入れ替え戦を、「自分だったらこうするんだけどなぁと思いながら見ていた」と明かした指揮官は、それでも、過去のチームのやり方をリスペクトする姿勢を崩さなかった。

◆長いトンネルを抜けて初陣は白星

初陣は2016年J3第1節、長野パルセイロ戦。ホーム・大分銀行ドームで、シーズン開幕とともに〝監督人生〟の幕開けを迎えた。

J2昇格争いの最大のライバル候補とみなされていたパルセイロを相手に、新生トリニータは終始イニシアチブを握って試合を運ぶ。組織的なディフェンスで相手のロングボール攻撃を抑えつつ、激しいプレスをかわしながらアグレッシブに攻め、前半から何度も好機を築いた。だが、34分にはコーナーキックの流れから鈴木義宜の放ったシュートがポストに弾かれ、その5分後にはカウンターで抜け出した吉平翼のシュートもクロスバーを直撃するなど、決定機を仕留めることができずスコアレスで折り返す。

57分、パルセイロが前線に東浩史を投入すると、流動性が増して守備対応が難しくなった。選手たちに徐々に疲労の色が表れはじめ、流れは相手に傾きそうになる。

そうはさせじと69分に片野坂監督が切ったカードが、「勝負どころで使おうと思っていた」というフォワード・後藤優介だった。

後藤がスペースでボールを受けたり相手の最終ラインと駆け引きしたりし続けることで、流れは再びトリニータへと戻ってくる。続いて79分に坂井大将を投入すると、バイタルエリアでギャップを縫って出入りする坂井のめまぐるしい動きは、パルセイロの守備陣をいいように翻弄した。

82分、細かいパスワークによる左サイドの崩しから山口貴弘が送ったアーリークロスを後藤が頭でそらし、ついにトリニータがゴールネットを揺らす。ビハインドになったパルセイロも攻撃的なカードを切って猛攻を仕掛けたが、片野坂監督はディフェンダー・福森直也を投入して守備の枚数を相手のシステムに合わせると、最後までゴールを割らせなかった。

トリニータにとっては実に7試合ぶりの公式戦白星。開幕戦での勝利は2011年J2のアウェイFC岐阜戦以来で、第1節ホームでの勝利はなんと2000年J2、大分市陸上競技場でのモンテディオ山形戦以来だった。雨の中を駆けつけた9189人の観客が歓喜に沸いた。これはJ3最多記録を更新する入場者数だ。この試合のために尽力したボランティアは143名と、こちらも過去最多の数字となった。

選手入場時にはスタンドに、スポンサー名を記した4枚のビッグフラッグが掲げられた。J3で戦うことになりはしたが、それだけに、スポンサーやサポーターの思いに勝利で応えることができた喜びもひとしおだ。指揮官の打ち出した「ボールを保持しながら相手を上回って攻める」というチームコンセプトを貫き、苦しい時間帯を耐えたことでひさびさに得た勝ち点3。トリニータは復活への狼煙を上げた。

泣いたり笑ったりして盛り上がるサポーターたちを背にロッカールームへ戻った指揮官が、ほどなくして記者会見場に姿を見せる。初陣を勝利で飾ったにも関わらず、表情は硬かった。片野坂監督は囲み取材中にも、ほとんど表情を崩さない。口数は少なくはないが、抑制の効いたトーンで丁寧に淡々と言葉を紡ぐ。監督に就任してからの2ヶ月間、話題がほかのことに転じれば笑顔になるものの、サッカーについて話すときの表情は、いつも引き締まっていた。

だから、そういう人だと思っていたのだ。だが、会見場での片野坂監督の第一声を聞いて、わたしは不覚にも噴き出してしまった。

「初めての采配でホームで勝てたことが本当にすごくうれしくて、本当は飛び上がって喜びたいくらいなのですが、まだ30試合のうちの1試合を終えたばかりだし、一応、監督なので、落ち着いて話すようにしています」

無理矢理に抑え込んでいる感満載の言葉の端々に、手で塞いだ蛇口から勢いよく水がほとばしるように、うれしさがあふれ出していた。

順調にトレーニングを重ねていると思っていたプレシーズン、開幕直前になって負傷者が続出。さらに開幕戦の前日に、精神的支柱であるキャプテン・山岸智も負傷離脱。ダブルボランチの組み合わせにもぎりぎりまで頭を悩ませた。なにしろ1年でJ2復帰というミッションを託されている。それを果たせなければ、かつてJ1で戦っていた古巣のクラブが、存続の危機に陥ってしまうのだ。

そんなプレッシャーの中でつかんだ初白星。長いトンネルを抜けたようなサポーターの笑顔を見た新人指揮官の胸の内を思うと、こちらまで胸がいっぱいになった。

◆Jリーグ日本人初ゴールをアシストした男

日を重ねてその人となりを知れば知るほど、片野坂監督の安定した表情が、いかに強固な意志によって抑制されたものであるかということが、徐々にわかってきた。

練習後の囲み取材には、毎日必ず対応してくれる。二部練習の日は、午前と午後のあわせて

2回だ。J1と違ってJ2のトリニータでは、取材に通う記者の顔ぶれも限られている。ほぼ毎日同じ顔を突き合わせることになるので、しばらくして「お手数ではないですか?」と気遣ってみたのだが、指揮官は「いや全然」と涼しい表情だ。日々それほど変わり映えしないトレーニングを見ながら連日、話を聞くので、自ずと質問はどんどん細部にわたって掘り下げられていく。時期を置いて似たような質問をぶつけても、答えがブレることはほぼ皆無だった。

現役時代はサイドバックで、どちらかというと地味な存在だったと自称する。だが、記録の表舞台には名前が上がってこなくても、実はJリーグ創世記の華々しいシーンの数々に絡んでいたという過去がある。

Jリーグの日本人初ゴールを決めたのは、現在は名古屋グランパスを率いる風間八宏監督。1993年5月16日、Jリーグサントリーシリーズ第1節第2日、サンフレッチェ広島対ジェフユナイテッド市原の一戦。キックオフ早々の1分、サンフレッチェの風間監督のボレーシュートによる先制点を、アーリークロスでアシストしたのが片野坂監督だ。

サンフレッチェ時代には、現在はV・ファーレンで指揮を執る高木琢也監督の居残り練習でもよくクロスを上げていたという。Jリーグ創世記の華やかなスターたちの活躍を、そんな形でお膳立てしていた。

その後は柏レイソルやガンバ大阪、ベガルタ仙台などでプレーする間に、短い期間ながら大分トリニータにも在籍してキャプテンも務めたが、出場試合数は多くなく、トリニータでプレーした2003年シーズン限りで現役を引退した。

生まれ故郷は鹿児島だ。名門・鹿児島実業高校で名将・松澤隆司監督の指導を受けた。前園真聖氏は2学年後輩にあたる。鹿児島生まれだけあって、焼酎派。飲み方は「ほぼロック、水ちょい足し」が定番だ。トリニータ監督としての生活は、広島の自宅に家族と愛犬を残しての単身赴任。毎夜、一人暮らしの部屋に帰って晩酌しながらサッカーを観るのが楽しみだと言う。スーパーマーケットで買物かごを提げて惣菜を買ったりもする。冬場は一人分の鍋をつつきながら、プレミアリーグやブンデスリーガを見るのだと教えてくれた。

そんな過去の経歴や私生活のことを知らないサポーターたちも、日に日に片野坂監督の愛すべき人間性を垣間見るようになっていく。試合中にテクニカルエリアで見せる必死の形相と身振り手振りに心を奪われ、試合後のインタビュー中継でのヘアスタイルを愛おしむ人が続出した。選手たちが決定機を外すたびに掻きむしられる指揮官の髪は、試合が終わった頃にはしばしば芸術的な形に乱れているのだ。それは試合の激しさと片野坂監督の本気さを象徴しているようで、息を切らしながらインタビューに応える姿ともども、トリサポたちに愛されるようになった。

◆ポジションコンバートは極力しない

開幕戦で片野坂監督が切り札に使ったフォワード・後藤優介は、U—18からトリニータに在籍した生え抜きだ。スピードがあって相手の背後にタイミングよく抜け出すのが上手く、U―18時代には高円宮杯プリンスリーグ九州の得点王に輝いた実績もある。

周囲の期待を背負って2012年にトップチームへと昇格したが、プレースタイルとは裏腹に小心な性格が災いするのか、完璧な抜け出しから絶好機を迎えても、決定力を欠いてなかなか結果を出せなかった。

練習後にはひとり黙々と走り込みを続け、家に帰れば国内外の試合を見て研究し、周囲にアドバイスも求めた。当時の田坂和昭監督は後藤の才能を高く評価し、根気よく育てるつもりで居残り練習では個別にポジショニング指導などを続けていたが、なかなか結果に表れないうちに、自分のほうが2015年6月に解任されてしまった。その後任として指揮を執った柳田伸明監督は、強化・育成部長としてアカデミー時代から後藤の成長を見守ってきた人物だったが、J3降格の責任を取って辞任するまでの半年間は残留争いに追われて後藤を育てる余裕もなかった。途中出場の形で使ってはいたが、攻撃よりも前線からの守備に期待しての起用が多かった。

片野坂体制になって初めてのプレシーズンも、トレーニングマッチで放った後藤のシュートはことごとく枠を外れた。絶妙なタイミングで相手のマークを剥がしてゴールに迫るまでは非の打ちどころもないのに、見ている者たちが揃って吉本新喜劇ばりにずっこけるほど、その絶好機をつかみきれない。

「途中までは百点満点なのにねえ……」

と、片野坂監督も首をひねった。

そんな背景があったにも関わらず、指揮官は後藤を、大事な開幕戦の切り札に定めたのだ。ここしばらくというものスピードと運動量を生かした前線からの守備要員となっていた後藤に、攻撃での仕事を期待しての抜擢。だが、それについて問うと片野坂監督は「えっ、だって後藤は攻撃の選手じゃないですか」と、当然のように驚いてみせた。

「得点は水物で、本当にわからないところがありますからね。トレーニングマッチでは入らなかったものも、こうして開幕戦で得点することがあるので」

練習で入らないものが試合で入るわけがない、と練習意欲を煽る指導者が多い中で、この発言は新鮮だった。多分、J1のサンフレッチェやガンバでハイレベルなプレーヤーたちを指導してきたからこそ言えることなのだろうと思った。資金が乏しく、まだ活躍するに至らないプレーヤーを育てながら戦わなくてはならないトリニータで、過去の指揮官たちからはなかなか聞かれなかった言葉だ。

だがそれは、スタンスとしてはむしろ厳しい。言い換えるならば、プレーヤーをプロとして、そしてある程度完成された存在としてリスペクトする姿勢の表れということになる。そのぶん選手は、自分の力量と責任で道を切りひらいていかなくてはならない。

私生活や食生活に関しても細かく規制しない監督だ。そういう役回りはコーチ陣に任せているることもあるのだろうが、片野坂監督体制では基本的にピッチ外のことは自己責任と定められている。トレーニングに身が入っていなかったり集中力を欠いたりしていると見受けられた選手は、特に叱られるわけでもなく、当然のこととしてメンバーから外される。

ピッチ内ではとにかく、プレーヤーの素質を尊重した。これも自分の就任以前のチームスタイルを大事にするのと同様だ。ポジションコンバートは余程のチーム事情がないかぎり行わない。その選手がこれまでに培ってきたものが本来のポテンシャルを形成しているという考えの下、できるだけ〝本職〟で起用し、その範囲内で戦力の組み合わせを試した。選手としても無理なく自分のスタイルを高めるのに専念できる。反面、意外性がなく、起用法が型にハマりがちにはなったが、そのぶん「この選手が出たときはこういうパターン」といったディシプリンが、自然発生的にスムーズにチーム内に浸透していった。

◆スペクタクルな攻撃重視にして守備放棄

開幕戦に続き、第2節は鹿児島ユナイテッド、第3節はガイナーレ鳥取に勝利して3連勝。だが、J2からの降格組として意地を見せつけ無双するのかと思いきや、そう上手くはいかなかった。

第4節にアウェイでFC琉球に敗れると、第5節の福島ユナイテッドFC戦は震災の影響で延期され、先に行われた第6節でガンバ大阪U—23に引き分ける。続いてカターレ富山と栃木SCに連敗して4戦白星なしに。第8節終了時点で順位は10位にまで下降した。

全部で30試合しかないＪ３では、上のカテゴリー以上に、一戦ごとの結果が重くのしかかってくる。１年でのＪ２復帰を至上命令とするチームが、ゆったりと構えている余裕はない。

往々にして降格してきたチームはそのカテゴリーのサッカーに苦しめられるものだが、はらはらしながらもようやくいい感触を得はじめたのは、第11節あたりからだった。藤枝ＭＹＦＣ、福島ユナイテッドＦＣ、ＳＣ相模原、グルージャ盛岡との戦いを重ねる中で、徐々にチームとしての戦法が定まってくる。相手は大石篤人監督、栗原圭介監督、薩川了洋監督、神川明彦監督と、それぞれにひとクセある指揮官に率いられ、いずれもＪ２ライセンスを持たないチームだ。

たとえ優勝したとしても昇格できるわけでもなく、かといって降格の心配もないＪ３で、当時、このそうそうたる指揮官たちはどう見ても〝好き放題やっていた〟感がある。第４節の琉球や第７節のカターレもそうだが、とにかく攻撃重視なのだ。左右のサイドバックが同時に前線まで攻め上がって６トップ、７トップ状態となり、ピッチを幅広く使って細やかにパス交換しながら相手守備網を侵蝕していく。

特にグルージャのバイタルエリアでのスピーディーなパスワークは美しくスペクタクルで、見ているだけでテンションの上がるものだった。グルージャがホームとするいわぎんスタジアムのピッチコンディションは決して良好とは言えない状態なのだが、あのピッチでこれだけのパスワークを披露するグルージャの選手たちは、相当に高度なテクニックの持ち主だったと言える。

だが、彼らのいずれもが、あまりにも攻撃偏重すぎた。もっとはっきり言えば〝守備放棄〟

と呼びたいレベルにバランスが悪かった。キックオフと同時に後先考えずわらわらと攻撃に出てきて、守備に残っているのは2枚のセンターバックだけという状態になっていたりする。リスクマネジメントという概念は、そこには存在しなかった。

その結果がどうなったかは、シーズン終了時の数字に如実に表れている。優勝したトリニータに続く得点数48を叩き出した藤枝MYFCは、失点数も42と華々しい。46得点を挙げたFC琉球が46失点してプラスマイナスゼロになっているのはまだマシなほうで、グルージャは43得点に対して47失点。この中では比較的バランスの取れた戦い方をしていると思っていた福島ユナイテッドFCも、最終的には35得点44失点と大きくマイナスに傾いた。SC相模原に至っては29得点しか挙げられずに46失点して得失点差マイナス17。やっていることから見れば当然なのかもしれないが、実に遺憾なる数値を記録しているのだ。だが、昇格も降格も関係ない彼らは、それで滅法、楽しそうにやっていた。「攻撃的なチームを作りたい」という欲望をただただ抑制せずにいたらこういう変態チームになるのだな……と、手放しで感心するほかなかった。

常識的にバランスの取れたサッカーを展開する片野坂トリニータはそんな攻撃的なチームの怒涛の攻撃にさらされ、しばらくはバイタルエリアのケアに苦しんだが、ひとたび対処法が浸透すれば、もうそれほど怖くなかった。相手のめまぐるしいパスワークに翻弄されることなくブロックを構え、フィニッシュに至る前のタイミングでボールを網にかけると、あとは前がかりになっている相手の背後に蹴り出すだけでいい。相手がまるで省みていない広大なスペースで悠々とカウンターを仕掛け、ゴールを奪うことができた。

昇格と降格の狭間で生き馬の目を抜くJ2へと復帰した現在になってみれば、J3でのあの変態チームたちとの戦いは、なんだかしみじみと懐かしい。攻守においてバランスを最重視する片野坂監督は半ば唖然としていたが、フットボールの楽しみ方は、チームの置かれた状況によってこれほどまでに多岐にわたるのだと、J2基準に満たないスタジアムのたたずまいを思い出しながら、あらためて感慨に耽ってしまう。

◆ライバル・栃木が首位を独走しはじめた

そうやってじわじわと戦術を浸透させ、ビルドアップの精度を高めたりしながら戦っていたのだが、やがて1年でのJ2復帰に向けて、どうにも焦らざるを得ない状況になってきた。ともにJ2から降格してきた栃木SCが第10節以降、右肩上がりに勝ち点を伸ばし、第15節以降は首位をキープ。早くも独走状態に入っていたのだ。

一時は上位をかき回していたFC琉球やブラウブリッツ秋田は次第にトーンダウンし、トリニータは鹿児島ユナイテッドと2位の座を争いながら、そこに長野パルセイロが絡んでくるという様相になっていた。

7月31日、第19節での直接対決に敗れた時点で、首位・栃木との勝ち点差は9に開いた。残り11試合。これを、逆転するに十分と見るか厳しいと見るか。

栃木SC戦の負け方もよくなかった。構える相手が防戦一方になるまでに、ほとんどの時間帯で圧倒しておきながら、シュートがどうにも枠を捉えきれない。このままスコアレスドローで痛み分けかと思われていたアディショナルタイム、ずっと劣勢だった栃木に、セットプレーから決勝ゴールを奪われたのだ。

それは90＋5分の出来事だった。しかも、その得点を〝栃木のラッキーボーイ〟たちが演出する。左コーナーキックをゴール前で最初に競ったのは坂田良太。坂田はこの日はベンチスタートで、74分に負傷した広瀬健太と交代でピッチに出ていた。広瀬の怪我は、累積警告で出場停止だった菅和範の代わりに左サイドバックに入っていた島川俊郎のパスミスを取り返そうと突っ込んで相手と接触したところからだったのだが、その要因となるパスミスを犯した島川が、決勝弾を押し込んだのだ。しかも島川は夏の移籍によりレノファ山口から移籍加入したばかりで、チームに合流してわずか3日目だった。

完全に圧倒していた展開からのこの結末に、さすがの片野坂監督も「横山監督のほうが運があるのかな……。栃木の勢いが出ましたね」と肩を落とした。

ここ数試合で戦術浸透は急速に進んでおり、開幕当初に比べても、試合内容と結果が見合うようになってきた感触がある。空いているスペースを見きわめること、距離感をコンパクトに保つこと、近くにいる味方とのコンビネーションを駆使して崩すこと、ボールを持ったら前を向くこと。そういったタスクを実戦の中で徐々にこなせるようになってきたことで、リーグ得点ランキングもトップとなっている。それは決して付け焼き刃に逃げることなく、ブレずに積み重ねてきたからこそ得られたものだ。

このまま上昇気流に乗れる兆しも感じられるのだが、それ以上に、栃木ＳＣの好調ぶりが大きなプレッシャーとなっていた。優勝して自動昇格を持っていかれたら、こちらはＪ２・Ｊ３入れ替え戦枠の2位を狙うしかない。

チームの成長という前進を信じてこのままの戦法を貫くか、目標達成のために現実的な戦い方へとシフトするか。クラブの命運を背負った指揮官は、難しい岐路に立たされていた。

◆メンバーを大幅に入れ替えた夏

ショッキングな敗戦から一週間。アウェイで行われる第20節の福島ユナイテッドＦＣ戦に向けて片野坂監督は「走れる、闘える選手を起用する」と宣言した。

照明設備を持たないスタジアムで行われるため日中開催となることが多い、Ｊ３のゲーム。ホームの大分銀行ドームなら夏場はナイトゲームになるが、アウェイの各地では、夏の真っ盛りであっても15時キックオフという過酷な状況が待っている。Ｊ３で戦った経験のないトリニータの選手たちにとっては、交通の便も決していいとは言えない敵地への移動を含め、心身両面にわたり大きな負担を強いられる。ベテラン選手ならなおさらだ。

そんな中での、指揮官の決断だった。中断期間前の最後の試合となる福島ユナイテッドＦＣ

戦で、18人のメンバーをガラリと入れ替えた。

「失点はキーパーだけの責任ではないが……」と悩みつつ、果敢に飛び出して広範囲をカバーし積極的に攻撃参加する上福元直人から、ゴール前で待ち構えて危険の芽を潰す、より守備的な修行智仁へと守護神をチェンジ。また、炎天下でのアウェイゲームに備え、フィールドにもベンチにも、フィジカルに強度のあるメンバーや若手選手を並べた。福島ユナイテッドFCのこれまでの戦い方を踏まえ、抜群のスピードで仕掛けてきた松本怜を外して、じっくりと相手の嫌がるポジションを取り続ける松本昌也を左サイドハーフに配置。ボランチ八反田康平の相方には、セカンドボールを拾うことに期待して、運動量豊富で勢いのある姫野宥弥を置いた。

一方で、6戦未勝利2連敗中の福島ユナイテッドFCも、メンバーを大きく変えてきた。これまでは前半に勝負を懸けるかのように立ち上がりからハイプレスをかけまくるスタイルを貫き、後半にがっくりと運動量を落としては勝利を逃してきたのだが、この試合では相手の出方をうかがうように慎重な入りを見せる。さすがに失点の多さを反省して守備重視に切り替えたのかと思ったが、試合後に栗原監督が「相手との力関係もあるし、うちのメンバー構成や暑さのせいもあったと思う」と話したので、チームとして明確に意図した戦い方ではなかったようだ。だが、そのおかげでトリニータは立ち上がりから運動量や勢いで相手を上回り、あっという間に主導権を握った。

結果は4―1での大勝。アディショナルタイムに失点したことは課題を残したが、このシーズンにようやく出場機会を得た選手たちが、指揮官の狙いを確実に体現した。

ここからJ3リーグ戦は約一ヶ月間の中断期間に入り、その間にチームは天皇杯を戦いながら、シーズン後半の戦い方を模索していくことになる。

◆眠っていた部分を起こす3バックシステム

中断期間もベーシックなトレーニングは続けつつ、指揮官は新たなオプションを増やしていった。これまでは堅実に4—4—2を貫いてきたが、ついに3バックシステムに着手する。トレーニングマッチを通じて3—4—2—1と3—5—2の2パターンを試行。これまでの4—4—2システムでは出場機会に恵まれなかった戦力が新しいシステムではハマる場所を見つけるなど、チームのポテンシャルの眠っていた部分が活性化しはじめるようだった。

だが、だからと言ってすぐにそれを取り入れる指揮官ではない。

「まだ、どうしようか迷っています。いちばん大事なのは自分たちの形を貫くことなので、あまり違うことをやりすぎて選手が迷ったりしないようにしたい。ただ、もう少し突き詰めてもいい部分もあるので、今後もトレーニングの中で取り入れてはいきますけど」

そんなことを言いつつ、リーグ中断期間に開催された天皇杯大分県予選決勝の日本文理大戦には、スタートから3—5—2のフォーメーションで臨んだ。

トリニータのトレーニングを視察して3—5—2の形で来ることを予想していた日本文理大

は、いつもの4—4—2ではなく4—1—4—1でマッチアップさせてくる。キックオフ後まもなく、相手のシステムを見きわめたトリニータは、そのアンカー脇のスペースを使いやすいように、前線の形を2トップ＋トップ下から1トップ2シャドーへと変化させ、3—4—2—1の形を取った。

狙いは悪くなかったが、不慣れな3バックシステムでは、なかなか攻撃の形を作れなかった。この戦術の肝となるウイングバックも孤立しがちで、相手の守備ブロックに対して単騎突破を図るしかない。そこで攻め上がってクロスを放り込んでも、崩しきれていない相手に、いとも簡単にクリアされた。

13分にコーナーキックのこぼれ球を蹴り込んでどうにか先制はできたものの、全体の連動はほぼ皆無だ。追加点は取れたが、相手のロングフィードとカウンターでピンチに陥る場面も多くなり、結局、指揮官は後半の途中からシステムを4—4—2へと変更した。

孤立していたサイドが縦関係を作り組織として機能しはじめると、ビハインドになっている日本文理大も2トップに変更して前線から奪いに来るようになる。片野坂監督はこれまであまり起用しなかったブラジル人ミッドフィルダーのパウリーニョをトップ下に置き、4—4—2の中盤をダイヤモンド型にする。パウリーニョは早速、助っ人らしくひと仕事を遂げ、試合を決定づけるダメ押し点を演出した。

◆ベーシックを守りつつ壁を破ることも必要だ

片野坂監督は試合後にこれを自ら〝パウリーニョ・システム〟と呼んだ。

ミッションとしては成功を収めたが、この命名は、これが指揮官の哲学のアンチテーゼであることを暗に示しているのだろうと思った。

組織で戦うことを大前提とする片野坂監督は極力、特定の個に頼ることを避ける。たとえ手元に独力で点を取ってくれそうなストライカーがいたとしてもだ。個はあくまでも組織の中で生きるべきであって、突出した個に合わせて組織を作ることはない。

「誰か一人のスペシャルな選手に頼ってしまったら、その選手が怪我や出場停止でいなくなったときに、もうそのサッカーができなくなってしまいますからね」

いくらテクニックが高くても、外国籍選手にありがちなように無軌道に動き回る選手の優先順位は高くない。攻守ともに布陣のバランスが崩れることを、何よりも避けたがった。どんなにマイペースな選手でも、使い続けていれば周囲のほうがバランスを取ってくれるようになって、それはそれで組織が育っていくものなのだが、片野坂監督は極力、それに頼らずに貫いた。

そんな指揮官が敢えて採用した〝パウリーニョ・システム〟だ。J2昇格のためにどうしても勝ちにいかなくてはならないときのオプションとして準備したのだろうと思った。

だが、新オプションを増やす試みがもたらしたのは、システムのバリエーションだけではなかった。後方からボールを動かしながらスペースを生み出して攻める戦術的コンセプトは従来のままに、それを異なるシステムで表現したことで、どうやら選手たちの思考に柔軟性が生まれたようだ。

大分県代表として臨んだ天皇杯1回戦のMD長崎戦までは3バックシステムで戦ったが、続く2回戦のヴァンフォーレ甲府戦からは、慣れ親しんだ4―4―2へとシステムを戻す。だが、形は以前と同じでも、中身はだいぶ違うものになっていた。ポジショニングがフレキシブルになり、試合状況に応じて陣形を変化させながら攻撃を組み立てていたのだ。

ボックス型の4―4―2は、最も融通の利くフォーメーションとも言える。

「試合の流れや相手の状況を見ながら、ピッチ内で判断して立ち位置を取ったりプレーを選択したりしてほしい」

片野坂監督は就任以来、選手たちにずっとそれを求めてきた。状況に応じてボランチや2トップが縦関係になったりサイドが絞ったりして陣形を変化させるよう要求するのだが、どうにもその部分がなかなか育たない。どんなに意思疎通したつもりでも、前線と中盤の間が大きく離れてしまったりバイタルエリアがガラ空きになったりといったことが、頻繁に起きていた。

もっと具体的に指示をほどこせば話が早いのではないかと思ったが、指揮官は辛抱強く待ちの姿勢を取り続けた。

「確かに我慢できなくて、言ってしまいたくなることもありますよ。けど、僕が言ったら選手たちはただそれをするばかりになってしまうから。だから、自分で考えさせたい」

あるいは選手たちにとっては、ベースとなったサンフレッチェと同じ3―4―2―1システムを採用してくれたほうが、そのまま手本にして戦術理解しやすかったのかもしれないが、厳しく言えばそれも、彼らが能動的に考えないことにつながってしまう。

この中断期間に取り入れたフォーメーションは、4―2―3―1、ダイヤモンド型の4―4―2、さらに4―1―4―1。3バックシステムでも同様に、3―4―2―1、3―5―2、3―4―1―2と、起用する選手によって3パターンを使い分けた。選手個々の特徴と各ポジションの役割を明確に整理したことは、戦術理解への大きなアシストとなる。どのフォーメーションに誰が配置されたときにどう戦うかという約束事が、チーム内に少しずつ育っていった。

そのトレーニングを経ての天皇杯2回戦・ヴァンフォーレ戦で、チームは一皮向けたような戦いぶりを見せた。ダブルボランチの一角に入っていた松本昌也は、相方の姫野宥弥が一人でも相手をいなせるのを見ると、ビルドアップは2枚のセンターバックと姫野に任せて自分は高い位置を取る。必要に応じて受けに下がったり前線に絡んだりすることで、局面で数的優位を作ったり、選手同士の距離をバランスよく保ったりしていた。

「3バックシステムをやったことで、もっと自由に動いてもいいんだなということがわかった」

試合後に松本は手応えをつかんだ表情で言った。もともと生真面目で献身的なプレーヤーだ。敢えて言葉を少なく抑えている片野坂監督の指示の、どこから先が〝逸脱〟になるのかを測りかねていたのかもしれない。これまでのベーシックにようやく化学変化が起きた、と感じた。

◆言葉によるアシストは極力抑えられている

来る日も来る日も続けられるポゼッショントレーニングを見守りながら、壁につかえたまま足だけ動かして前に進めずにいるような選手たちの状況にさすがにもどかしくなったのは、片野坂体制になって5ヶ月が経とうとしていた頃だったか。指揮官の戦術の最たる理解者であるキャプテンの山岸智に話を聞いたことがある。

確かその日のポゼッション練習は中くらいのグリッドで行われていたと思う。ほとんどの選手が密集状態となり、狭い範囲ではボールが動いているのだが、まるでピンボールのように出口が見えず奪ったり奪われたりするばかりだ。少し離れたところでフリーの山岸が両手を上げて合図を送っていても、密集に集中している選手たちはそれにまったく気づかない。

片野坂監督がサイドコーチングで求め続ける「数的優位」という言葉にとらわれすぎているのだろうと、練習後に山岸は分析してくれた。

「みんな数的優位を作ろうとして一所懸命立ち位置を取るんだけど、それがプラスのポジションばかりだから視野が狭くなってしまう。密集しすぎてるなと思ったら、ちょっとそこから離れてマイナスのポジションを取れば、フリーでボールを受けられるでしょ。それも〝数的優位〟

なんだよね」

選手たちに自発的に考えさせるため、指揮官は敢えて言葉によるアシストを抑えているのだが、たとえば「数的優位」という言葉の解釈をサッカー理論と結びつけることができずにいると、往々にしてこういう事態に陥ってしまう。経験値の高くない若手などは特にそうかもしれない。

「もうちょっと伝えてもいいのかなと思うこともあるけど……カタさんに言ってみようかな」

と、山岸はそのとき、考えながら言った。

その後、指揮官とキャプテンとの話がどうなったかは聞いていないが、トレーニングを見ているかぎり、考えるヒントとなる言葉が少し増えたようにも感じた。山岸も、自分なりの解釈をピッチ内外で細やかにチームメイトたちに伝えていたようだ。

ミーティングでもトレーニングでも、片野坂監督は細心の注意を払って具体的なアドバイスを最小限に抑えていた。プレーを途中で止め、ひとつの場面を切り取って話すときにも、他の選択肢を示しながら「こういうやり方もあるよ」という表現を用いる。絶対に「こうしろ」とは言わない。

トレーニングでは頑ななまでにそういう姿勢でいるのに、試合となると一変してバレリーナか火渡りかだ。全身の表現力を全開に駆使して、前へ行け、戻れ、そっちが空いてる、とメッセージを送る。当然、選手はそのとおりに動くとは限らない。指揮官の指示が聞こえていないときもあれば、聞こえていながら敢えてシカトすることもある。

「もちろん、僕の言うとおりにしなくても、選手がそっちのほうがいいと判断するならそれで全然構わない。上手くいってくれればそれでいい。むしろ逆に『あ、そんな選択肢もあったのか』と僕のほうが気づかされることもあります」

年に一度開催される「ファン感謝デー」で選手たちがジェスチャーゲームをしたとき、フォワードの後藤優介が、テクニカルエリアでバレリーナ状態になった片野坂監督の物真似をしたことがある。頭を抱え膝をついて嘆く場面の再現率があまりにも高かったので笑ってしまったが、よく考えたらそれは、後藤がシュートを外したときによく見られるポーズなのだ。全力でツッコみたくなる気持ちは、ひとまず脇に置いておいた。

◆J3優勝へ、怒涛のラストスパート

大分トリニータのサポーターの間で語り継がれる最強の〝カタさんポーズ〟がある。J3優勝とJ2昇格を決めてピッチにうずくまった〝カメ野坂〟だ。

2016年11月20日、シーズン最後のJ3第30節。ガイナーレ鳥取に4―2で勝利した瞬間、片野坂監督は背を丸めてピッチに突っ伏し、身を震わせてむせび泣いた。その姿は現地でスチールカメラマンに撮影されたばかりでなく、DAZNの中継カメラにも捉えられ、そのあまりの突っ伏しっぷりに感嘆した視聴者の手によって、キャプチャー画像がインターネット上に結構

な勢いで拡散された。

トリニータのチームマスコットがカメであることにもちなんで、その画像につけられたタイトルが〝カメ野坂〟。悪ノリして指揮官の背中にカメの甲羅をコラージュしたバージョンも出回った。

それを見たのかどうか。翌日の夜、大分銀行ドームで行われた優勝報告会のスピーチで、片野坂監督自身が言ったのだ。

「こんばんは！　カメになったカメ野坂です！　来シーズンもトリニータで指揮を執らせていただきます！」

サプライズの続投発表も付け加えられ、両手を上げてスタンドの歓声に応える片野坂監督の姿に、隣にいた新聞記者と「あんなキャラだったっけ……」と思わず顔を見合わせた。

優勝へのラストスパートは、なにしろ怒涛の追い上げだったのだ。残り11試合となった時点で、当時首位だった栃木ＳＣとの勝ち点差が9。そこから福島ユナイテッドＦＣ戦、ＳＣ相模原戦、セレッソ大阪Ｕ―23戦と3連勝を遂げ、栃木との勝ち点差を5に詰めて2位に浮上する。そのシーズンで唯一の連戦となった天皇杯3回戦の清水エスパルス戦には18人を総入れ替えして臨み、中2日で迎えたカターレ富山戦はドローに終わったが、続く鹿児島ユナイテッド戦は緊迫したゲームをものにして5戦負けなしとなった。

逆に栃木はトリニータ戦を終えたあと、1勝3分1敗と失速。着々と順位を上げてくるトリニータに追いつかれるか逃げ切るかという状況に、焦りを見せはじめる。

このデッドヒートをかき回したのが、まだわずかながら昇格の可能性を残していた長野パルセイロだった。第25節、トリニータはパルセイロとの直接対決に0―1で敗れる。相手とのミスマッチを突く狙いが逆に突かれ、いいところなしの一戦となり、指揮官は「わたしの采配ミス」と悔やんだ。2011年にトリニータに在籍し、このときはパルセイロの主力となっていた夛田凌輔が試合後に「これでリーグ終盤がまた面白くなった」とうれしそうに勝ち誇ったのを忘れない。その節に栃木は福島に勝利したため、詰めていた勝ち点差はまた開いてしまった。

だが、チームはこの敗戦から見事に立て直す。グルージャ盛岡のスペクタクルなパスサッカーを5枚のブロックでしのぎ、藤枝MYFCと引き分けた栃木との差を3に詰める。

次のブラウブリッツ秋田との上位直接対決は、41分にPKで先制した直後に退場者を出し、まるまる後半を数的不利で戦うことになる。だが、ブラウブリッツがロングボールを放り込む力技へと戦術変更したことで、むしろ10人全員がゴール前を固めて跳ね返し、ただ守りきればいい展開となった。この明確な目標に向けてチームは団結。ついに虎の子の1点を死守し、「一人少ないぶん全員が二人ぶん走った」と選手たちは達成感をにじませた。

この試合でPKを獲得したかと思うとその直後に退場となった伊佐耕平は、半分以上の時間帯をピッチから退いて過ごしながら、期せずしてチームの心をひとつにする役割を果たしたことになる。冷たい雨の中、東北の秋に凍えながら選手たちを出迎えたトリニータのサポーターは、「マン・オブ・ザ・マッチ」の称号とともに大歓声と拍手を伊佐に贈った。

続くガンバ大阪U―23戦も、アクシデントに見舞われる難しい試合となる。すでに栃木が前日、ガイナーレ鳥取に勝利していたため、優勝の可能性をつなぐためには勝利が必須条件だ。開始直後からガンバの高い技術に翻弄され、守護神・修行智仁のファインセーブでしのぐなどしていたが、32分に事故が起きた。空中戦で山口真司と競り合った岡崎建哉が救急搬送される事態となったのだ。ピッチから動かせない岡崎を迎えに救急車が到着するまで、試合は24分間にわたり中断した。冷え込むピッチで、両チームの選手たちはベンチコートを着て体を動かし調整していたが、ショッキングな事故やサイレントともにピッチまで入ってくる救急車を目の当たりにして、メンタルコントロールも難しかったと思われる。それも乗り越えての激しい攻防を制し、トリニータは1―0で勝利した。

◆バンディエラに後押しされてミッション完遂

優勝の可能性を残して、いよいよホーム最終戦。この日を前に、高卒ルーキーとして加入以来17年間、トリニータ一筋でチームを牽引してきた〝ミスター・トリニータ〟こと高松大樹が、自身の現役引退を発表していた。アテネオリンピック代表やオシム・ジャパンでも戦ったミスターは、トリニータの歴史とともに語り継がれるべきバンディエラであり、サポーターの誇りでもある。ここ数年はコンディションが安定せずなかなか満足に試合に絡めなかったが、どうしても最後にミスターを大分銀行ドームのピッチに立たせたい。そのためにも早い時間帯にセーフティー・リードを確保し、たとえミスターが走れず戦力として計算できなくても大丈夫な状況を作っておきたい。その思いがチームを取り巻く人たちの心を束ねた。

痛み止めの注射に頼って出場していた三平和司が2得点、後藤優介が1得点と、Y.S.C.C横浜からリードを奪って迎えた80分。ピッチサイドでアップを続けるミスターの登場を催促するように、スタンドの観客たちから高松のチャントが沸き起こった。それに背を押されるように、片野坂監督が交代を告げる。スタンドを青く染めたサポーターたちは高松の全盛期時代と変わることなく、長年慣れ親しんだ『ルパン三世』の替え歌チャントを高らかに歌いながらタオルマフラーを回した。

高松を布陣の頂点に据えたことで、自ずと戦術が定まった。ボールを持てば全員が高松を見る。後方でボールを動かしながら、前線で手を広げる高松にボールを入れるチャンスをうかがった。相手にボールを持たれれば、早く切り替えて1秒でも攻撃の時間を長くしようと、積極的にボールホルダーに襲い掛かった。

残念ながらゴールを挙げさせることはできなかったが、高松にボールを集めることで結果的に相手の追撃を振り切る形になった。試合は3―0のまま終了。

そのタイミングで、栃木SC敗戦のニュースが飛び込んできた。同時刻に行われていたホームゲームで、長野パルセイロに痛恨の黒星。90＋3分に決勝弾を叩き込んだのが、なんと、トリニータ戦のあとに「これで面白くなった」と笑っていた夛田凌輔だった。この結果をもって栃木ＳＣと勝ち点で並んだトリニータは、得失点差で上回り、ついに首位へと浮上した。じりじりと追い上げ、残り一試合となった時点での順位転覆。栃木との得失点差には6の開きがあるため、最終節は栃木が余程の大量得点をするか、トリニータが大量失点でもしないかぎり、ただ勝ちさえすれば優勝が決まる。

決戦の地はアウェイ鳥取。ガイナーレも前線に人数をかけて攻め込んでくるスタイルのチームだ。Ｊ1時代のトリニータにも在籍したことのあるブラジル人フォワード・フェルナンジーニョを軸に、機動力とスピードのある攻撃陣が流動的に絡む。

その攻撃に押し下げられながら、トリニータは2点を先行。フェルナンジーニョに1点を返されて嫌なムードが漂ったが、失点に絡んだ岩田智輝が2分後にゴールして自らのミスを帳消しにする。63分にフリーキックの流れから4点目を挙げたが、ガイナーレは次々に攻撃的カードを切り追撃の手を緩めない。残り時間はまだ30分近くもあり、3点差だからといって安心してはいられないのだ。案の定、73分には再び2点差へと詰め寄られた。

長い長いアディショナルタイムもしのいで、試合終了のホイッスルを聞いたとき、テクニカルエリアに〝カメの坂〟が出現した。監督キャリア1年目にしてＪ3優勝、そして1年でのＪ2復帰という重圧きわまりないミッションを成し遂げた指揮官の、これがクライマックスの姿だった。

◆〝ミシャ式〟から〝片野坂流〟へ

怒涛の5連勝フィニッシュも見応えがあったが、リーグ最多の50得点で得失点差26という数字にも手応えが感じられた。クラブの命運の懸かったミッション遂行のために夏からはやや現実路線へとシフトしたが、〝片野坂体制元年〟は無事にJ2復帰を遂げ、いよいよ指揮官の理想とするサッカーへの期待が高まる。

2017年シーズン、指揮官はついに、サンフレッチェ広島で学んだ3—4—2—1をベースとする可変システムでの戦術構築に着手した。その意図を、カテゴリーを上げたことで相手の攻撃力が増すことを想定し、より守りを固めやすくするためだと指揮官は語った。実はプレシーズンには複数のシステムを使い分ける意向も見られたのだが、負傷者が出た関係で、まずはこの形に専念することになった。

ペトロヴィッチ監督時代のサンフレッチェは、指揮官の「攻撃こそが最大の防御」というポリシーを反映するように、守備のことをまるで忘れたように攻撃に専念していた。ときにそれは布陣のバランスを崩すことにつながり、そうなると失点は避けられない。

「だからミシャさんのときは、いいサッカーをして点をたくさん取ったとしても、タイトルまでは取れなかった。森保さんが後を継いで守備面で刺激を入れ、バランスを取るようになって、タイトルが取れたんですよね」

と、片野坂監督はコーチとして見てきた二人の指揮官について分析する。

「でも、ミシャさんも冷静に話しているときは言うんですよ、『大事なのはバランスだ』って。『ですよねー』って話してたはずなのに、いざ試合になったら『行けー！　行けー！』ってなっちゃう」

笑いながら振り返るが、攻撃面でのサッカーの面白さを教えてくれたのは、ペトロヴィッチ監督だという。

「駆け引きとかバランスとかね。特に攻撃時の予測でどうやって数的優位を作って相手を上回るかというところが、近くで見ていてすごく刺激になった」

最初はサンフレッチェでペトロヴィッチ監督が築いた型を、ほぼ忠実になぞっていたようだった。攻撃時にはダブルボランチの一枚が最終ラインに下がり、4―1―4―1へと変化する。守備時は両サイドのウイングバックが最終ラインに高さを合わせ、5―4―1のブロックを組む。

だが、間もなく指揮官は、そのベースに独自のアレンジを施し、〝片野坂流〟とも言うべき新たな可変システムを築きはじめた。

最初に手を入れたのは守備時の陣形だった。ペトロヴィッチ監督や森保一監督は5―4―1のブロックでスペースを消す守備で固定していたが、片野坂監督はそのゾーンディフェンスをベースに、状況に応じて自ら奪いに行くマンツーマンディフェンスの要素をプラスすることで、よりアグレッシブに守るとともに、攻撃に転じやすいポジショニングを取らせるようにした。

まずは2枚のシャドーが、相手の攻撃の状態を見ながら、5―4―1ではなく5―2―3へと立ち位置を一列上げるバリエーションを増やす。高い位置からプレッシャーを掛けて相手のパスコースを制限するだけでなく、ボールを奪ってからのゴールまでの距離を短くする狙いもあった。そうすれば1トップを孤立させないと同時に、よりスピーディーなカウンターが繰り出せる。

その反面、この方法はボランチ脇にスペースを生むことにもなり、相手にそこで縦パスを受ける隙を与えた。それに対応するために、5枚の最終ラインからウイングバックやセンターバックが前に出て、縦パスが入ったところへアプローチするように改良を加える。一人が前に出たぶんのスペースは残りのメンバーがスライドして、4―3―3や4―4―2の形でブロックを組むことにした。

守備陣形を5―4―1で固定していると、1トップの相手に対しては守備の枚数が余ってしまう。それも、この擬似4バック採用の理由だった。片野坂監督は「基本的に守備は1対1でやられなければ守れる」という考えの持ち主なので、セオリーどおり守備陣の人数を相手の攻撃陣より1枚多くすることにも固執しない。「ボールが入ってくるところにしっかりアプローチして個の対応で後手に回らなければ十分に守りきれる」と、守備の選手にとっては鬼のようなことを当然のように言うのだが、確かに適宜プレッシャーをかけなければラインはずるずると下がってしまいがちだし、後ろで枚数を余らせるということは前での数的不利を受け入れるということにもなる。攻撃大好き指揮官は、何よりもそれが許せない。

重心を低くしない工夫は、ビルドアップ時の立ち位置にもあしらわれた。サンフレッチェは4―1―4―1の形を取って4枚でボールを回すやり方で固定していたが、片野坂監督はそこに柔軟性を加える。こちらのビルドアップに対して相手はミスを誘おうと前線からプレッシャーを掛けてくるのだが、そのハイプレスの掛け方によっては必ずしも4―1で回す必要はない。プレスに来る相手が1トップだけならば3―2で回しても十分にいなせるので、ボランチは最終ラインに落ちずにバイタルエリアで縦パスを受ければ、より高い位置から配球することが可能になる。さらにゴールキーパーを11人目のフィールドプレーヤーとして4枚のうちの一人にカウントする場合もある。そうやって〝ミシャ式〟から派生した〝片野坂流〟は、対症療法的にアレンジを加えられながら、次第に独自の攻撃色を強めていった。

◆戦術の要は数的優位を作ること

片野坂監督の理論を最も特徴づけるのは、数的優位の概念なのだと思う。ボールの動かし方はつねに、いかに数的優位の局面を作るかという目的の上に立っている。だから選手たちは必ず、対戦相手のフォーメーションとの噛み合わせについて理解しておかなくてはならない。

この考え方の根底には、つねに「相手ありき」のスタンスがある。片野坂監督も「自分たちのスタイルで」とか「自分たちのボールの動かし方で」といった表現を好んで使うが、その「自分たち」は、近年巷で俗に言われた〝自分たちのサッカー〟という言葉が匂わせる悪しきニュアンスをはらむものではない。片野坂監督の「自分たち」は、相手対策も内包しての「自分たち」だ。だから戦術の芯は貫きながら、ディテールには柔軟性が生まれる。

そのぶん、プレーヤーには高いインテリジェンスが求められた。まずは相手の守備方法を見きわめなくてはならない。前からプレッシャーをかけてくるのか、リトリートするのか。前から奪いにくるならば、何人がどのような法則をもって出てくるのか。相手選手のスピードや間合いも測らなくてはならない。それによって立ち位置を変えながら、寄せてきた相手を一手ごとに剥がしていけば、ボールが前線に収まる頃にはだいぶ有利な状況が出来上がっている、という目算だ。

相手が勢いよく球際に寄せてくる中で、それによってどこにスペースが生まれたかを瞬時に見て取らなくてはならないし、複数のパスコースから最適解を選び出さなくてはならない。味方がボールを受ける準備をしているかどうかも確かめる必要がある。そういった判断の末に選んだ攻め手を遂行するためにはもちろん、プレー精度が不可欠だ。

そういうサッカーなので、日々のトレーニングのメインを占めるのはポゼッション練習になる。来る日も来る日も、選手たちはボールを動かし続けた。あるときは3対3、あるときは10対10。狭いグリッドで守備の圧を強くかけることもあれば、ピッチを広く取って逆サイドへの視野を促すこともある。そのときどきでフリーマンの人数や役割を変え、タッチ制限もさまざまに設定して、マンネリ化しないように刺激を入れながら、ひたすら地道に繰り返されるのだ。

ポゼッションメニューのときには必ず、片野坂監督が自らグリッドの脇に立ち、休みなくサイドコーチングを続ける。シンプルに、正確に、奥行きを見て、相手の変化を見て、奪ったら早く。言葉のバリエーションは多くはなく、ただひたすら横で唱え続けるだけなのだが、同じ言葉を聞かされ続けるうちに、まるで洗脳されるかのように選手たちの意識にはそれが染みついていくのかもしれない。ただし、それ以上の〝言葉のアシスト〟は、ここでも与えない。

「どうなんですかねえ。それぞれのメニューの意図を理解して取り組んでいる選手もいれば、ただ漫然とやっているだけのヤツもいるように見えるけれど。シーズンが進むにつれて、その差が顕著に表れてくるでしょうね」

自主性を育てるのに最も必要なのは辛抱強さなのかもしれない。もちろん、育つ側に育つ意志があることが大前提で、そこに無自覚な選手はいつまで経っても試合に出ることができない。その部分の評価軸をブレさせて中途半端に起用してしまうと、チームマネジメント自体もあやふやになってしまう。そういう点では、片野坂監督は岩石のように頑固だった。

◆さらに柔軟性を加えて次のフェーズへ

新たなスタイル確立を目指し、指揮官としても初のＪ２のステージへと乗り込んだ２０１７

年シーズン。序盤はビルドアップもおぼつかず、しばしば相手のハイプレスにミスを誘われては、あわや失点というピンチを招いた。

「それでも続けなくては上手くならないからトライしてほしい。失点したとしても勉強代を払ったと思えばいい。結果に対しては僕が責任を取るから」

そう言って指揮官は選手たちに、最後尾からのビルドアップを続けさせた。観客の悲鳴と野次を浴びながら、ピンチにも何度も見舞われたが、意外にもビルドアップのミスからボールを奪われての失点は、なかなか起きなかった。守備陣が体を張ってゴールを守ったこともあるが、絶体絶命という場面になっても、放たれたシュートがあらぬ方向へ飛んでいったり何もないところで相手が足を滑らせたりして、〝勉強代〟を払わずに済んでいたのだ。

その奇跡的なまでのラッキーは、第16節まで続いた。ついに第17節の水戸ホーリーホック戦で、ゴールキーパーからセンターバックへと出したパスをインターセプトされゴールに流し込まれるという事態が起き、試合にも0―2で敗れたが、それでも指揮官は折れることなく戦術を貫く姿勢を見せた。

開幕からしばらくは目指すサッカーの形をなかなか表現できず、第9節の湘南ベルマーレ戦でようやく、ボールを動かすことの意味をピッチで描き出すことができた。球際に食いついてくる相手の背後を取る繰り返しで面白いようにゴールに迫る様子は、さながら次々に先手を取って進められるボードゲームのようだった。

その手応えを励みにスタイル構築にトライしてきた中で、次第にボールの動かし方がパターン化していたのだろう。ホーリーホック戦ではそれを読まれ、完全に対策された。それを受けて、チームはボールの動かし方にもバリエーションを増やし、臨機応変さを身につけていく。

そのひとつが、シャドーのボールの受け方だった。シャドーへの縦パスが攻撃のスイッチとなっているため、相手もそこを潰しに来る。そこで縦パスを受ける瞬間にタイミングよくシャドーが下りることで、相手のプレッシャーを回避した。また、相手を広げるためにワイドに広く張っておくことを徹底されていたウイングバックにも、状況を見ながら中へと絞る動きを許す。これらの立ち位置をフレキシブルにすることで、それまでは孤立することも多かった前線3枚がボランチやウイングバックと絡む場面が増え、攻撃にも厚みが生まれた。

その柔軟性をフルに生かしたのが、第25節のカマタマーレ讃岐戦だ。3―5―2システムで臨んだカマタマーレの、インサイドハーフの渡邉大剛と高木和正が激しくプレスをかけてきた背後、アンカーの永田亮太の脇のスペースを使うために、片野坂監督は1トップの三平和司がそこに下りて起点を作ったり、川西翔太と鈴木惇のダブルボランチの一枚が前に出たりするようにと指示した。それを嫌ったカマタマーレが5―3―2のブロックを作ってスペースを消しカウンター狙いに切り替えてからは、いつもは縦に仕掛けるばかりの松本怜と山岸智の両ウイングバックが頻繁にカットインする。それに連動してシャドーも開いたり絞ったりすることで、相手のマークを混乱させながら局面での数的優位を演出した。

◆〝片野坂流〟を封印して得た勝利もある

リーグ戦42試合の中には、勝利のために、最初から完全に〝片野坂流〟を封印して臨んだ試合もあった。

第11節の松本山雅戦では、5―4―1のブロックを構えて守備から入り、相手が1トップに当ててきたセカンドボールを拾って攻撃へと切り替えた。ゴール前を固めてひたすら跳ね返し続けるトリニータに、反町康治監督は「向こうのリズムにわれわれが合わせてしまった」と苦り切った表情を見せた。

そこから中3日での連戦となった第12節のFC岐阜戦では、松本山雅戦と同じメンバー構成ながら、システムは4―4―2。前節の3―4―2―1から時計回りにスライドさせた形で、大木武監督仕込みのスピーディーなパスワークによる崩しに、4―4のブロックで対抗した。2トップの一枚はやや下がり、アンカーの庄司悦大を徹底的にマーク。前半を防戦一方の〝省エネサッカー〟でしのぐと、後半は一転、前がかりになる相手の背後を突いて攻めた。そうして2点のリードを奪い、1点は返されたが、岐阜が4―4―2にシステム変更するとブロックを5―4―1の形に変えて守備で上回って逃げ切る。そんな戦い方を終えて得られたデータは、ボール支配率31％：69％。岐阜のパス数はなんと934本を数えた。この数値こそが、作戦の成功を如実に物語っている。

続く第13節は名古屋グランパス戦。このシーズンから風間八宏監督が率い、独自の理念に基づく特徴的なスタイルを植えつけはじめていたところだ。足元でショートパスをつなぎながら人数をかけて攻めてくる点は、ＦＣ岐阜とも似ている。ここでも片野坂監督は、下がりすぎずにブロックでスペースを消し、個々が高い技術を誇る名古屋の攻撃をしのぐ態勢を取った。先制点が取れたことで相手が前がかりになると、その背後を突いて面白いようにカウンターを繰り出す。守備が整理されていないグランパスから、ＰＫも含めて立て続けに3得点。さすがにグランパスの選手も疲労の色を見せたが、そこで中途半端に1点を返したことで、再び元気を盛り返して追加点を狙いに激しく攻めてきた。

おかげで4点目のカウンターは、ただひとり後ろに残っていたディフェンダーを抜いてしまうと、守護神・楢崎正剛1人に対して3人で攻め込む形に。なかなか目にすることのない状況に、試合後、敵将は「守備も何も、人がいなかったよね」と苦笑いするしかなかった。いやいや、あなたがそこを整理してやらなきゃいけないんじゃ……とツッコみたくなるところだが、そのマッドさこそがまさに風間八宏。「相手に攻撃させなければ守備はする必要がない」という究極の理論を、実際にピッチに落とし込もうとする。彼の辞書に「机上」という〝まやかし〟は存在しないのだ。

レアンドロ・ドミンゲスを司令塔とし、リーグ得点ランキング首位のノルウェー人フォワード・イバを軸に、機動力のある攻撃陣がそれに絡む第26節・横浜ＦＣ戦では、４―２―３―１

の相手を5―3―2のブロックでケア。またも守備に比重を置いた戦法で、中盤もプレスバックしながら相手の前線4枚を抑えたが、ひとたびボールを奪って2トップへ入れると、中盤3枚の両脇が飛び出して一転、攻撃に打って出た。実は第21節のジェフユナイテッド千葉戦でも途中からこの5―3―2を採用したのだが、そのときはぶっつけ本番で守備に関する指示をするのが精一杯だったため、攻撃が上手く機能しなかった。そこから攻撃面も整理してリベンジし、今度は成功を収める。

局面での数的優位を重視する片野坂監督のサッカーにおいて、複数のシステムや戦術オプションを使い分けることは大事な必要条件だ。相手のシステム変更に対応する形でこちらも変化し、最も効率的にバランスを崩さず優位な状況を作りやすい立ち位置を整える。同じ4―4―2でも守備的な意図を持たせるときと攻撃劇な意図を持たせるときがある。そうやって采配合戦になる試合も多い。ベンチワークだけ取っても見応えがある。

◆相手が来れば来るほど真骨頂

2017年シーズンにJ1昇格の可能性が消えたとき、まさか指揮官があれほどまでにむせび泣くとは思っていなかった。

「……悔しい」

試合後、記者会見場に現れた片野坂監督は、一言そう絞り出すのが精一杯な様子で、手で顔を覆った。報道陣のシャッターが一斉に切られると、「撮らないでください。惨めなので」と制したが、こみ上げる嗚咽は止まらなかった。

混戦のリーグでプレーオフ圏の6位以内を狙える位置をキープしながら、第41節、徳島ヴォルティス戦に0─1で敗れ、最終節を残した状態で7位以下が確定。せめて最後まで昇格の希望をつなぎたかったが、叶わなかった。

実戦を重ねながらオプションを増やし、選手たちもその都度それを消化して完成度を上げていったチームは、この試合で「これぞ〝片野坂流〟」と呼べる戦いぶりを披露した。苦心したシーズン序盤とは打って変わって相手の激しいハイプレスをいなし、余裕さえ感じさせてビルドアップ。ひとたび攻撃のスイッチが入ると、小気味よくスピーディーなパスワークで相手を翻弄する。ヴォルティスも球際の強さを発揮してインテンシティーの高い好ゲームを繰り広げたが、概ね試合を支配していたのはトリニータだった。

負ければ昇格の可能性が消滅するこの一戦に、片野坂監督は大勝負を懸けた。

ここ数試合での失点を踏まえ、シーズンを通してスタイル構築に貢献してきた守護神・上福元直人とディフェンスリーダーの竹内彬を先発から外したのだ。代わりに第2節以来の公式戦出場となった高木駿にゴールマウスを託し、これまでは3バックの右に配置していた鈴木義宜を中央にスライド。右にはシーズン終盤に急激に調子を上げていたファン・ソンスを置いた。その前には3枚のボランチ。アンカーに鈴木惇、その両脇に川西翔太と小手川宏基を並べ、流動的に中央から崩してくるヴォルティスの攻撃を抑えながら、左右ウイングバックの松本怜と岸田翔平がつり出した相手サイドバックの裏のスペースを、川西と小手川に突かせた。ヴォルティスのダイヤモンド型4―4―2システムとの噛み合わせを考え、随所で数的優位を作った形だ。

前半は風上に立つヴォルティスに攻め込まれながらしのぐ時間帯が多くなったが、次第に相手の勢いに慣れると、トリニータも攻め返す。守備がハマらないヴォルティスは前半途中で3バックシステムに変更するが、状況が改善されることはなく、後半頭からは再び元の形に戻した。

リカルド・ロドリゲス監督が「行け！　行け！」と指示を送る横で、片野坂監督も「つなげ！」と全身で伝え続ける。ヴォルティスのプレッシングを「あんなに前から来るとは思わなかった」と、試合後に片野坂監督は振り返ったが、その勢いにビビりさえしなければ、相手が来れば来るほど真骨頂を発揮できるのが〝片野坂流〟だ。

だが、シュートは相手の好守に阻まれ、クロスバーやポストも叩いて、なかなかゴールを奪えない。一方で、相手の精度不足に救われたり高木の好セーブでしのいだりしつつ、失点することもなく試合は進んだ。

攻撃的カードを続けざまに切った片野坂監督は、81分には布陣を4―4―2に変更して攻勢を強める。だが、89分、均衡を破ったのはヴォルティスのほうだった。左サイドハーフに入っていたブラジル人ミッドフィルダーのシキーニョが相手に振り切られてクロスを許すと、中央のわずかなスペースへと飛び込んできた渡大生にヘディングでゴールを割られる。これがこの試合唯一の得点となった。

◆昇格を逃したとて鼻血が出ることもある

「勝負に出た結果、やられるべくしてやられた」

と片野坂監督は悔しさをにじませた。守備が得意ではないシキーニョに頼らざるを得ない状況になる前に、数多く築いた決定機のうちのひとつでも決めていれば——。

客観的に見れば、J３から昇格1年目にしてここまで上位争いに食いこめただけでも、上々の戦績と言えるだろう。なにしろ開幕前に設定したシーズン目標は「J２残留」だ。その目安としていた勝ち点45を第30節のレノファ山口戦で達成すると、上方修正した次なる目標値も着実にクリアして、チームはいつしかJ１昇格も現実的な射程圏内という高みにまで上ってきていたのだった。

試合後会見の嗚咽の激しさを見れば、片野坂監督がどれだけ本気だったのかがわかる。日々、地道に積み重ねてきた一年間の重みが、そこに凝縮されていた。

会見を終え、落ち着きを取り戻した指揮官と廊下で顔を合わせたとき、わたしは開口一番、言わずにいられなかった。

「32分のシーンは鼻血が出そうでしたね！」

それは高木駿、鈴木惇、川西翔太、福森直也、松本怜、後藤優介とボールをつなぎ、再び松本からのクロスを三平和司がシュートした一連の攻撃だ。フリーランも交え、次々に3人目が絡みながら、ゴールキーパーからフィニッシュまで一度も相手にさわられることなく左サイドを攻め上がったのを見て、わたしは記者席で思わず声が出てしまったのだった。

「ああ、あれは僕も笑いが止まりませんでした」

と、片野坂監督もその場面を思い出して笑顔になった。敗戦も、昇格の可能性が途絶えたことも残念なのだが、あの一連を思い出すだけで何杯でもゴハンをおかわりできるのが、サッカー好きの困った習性だ。

こうなると番記者の関心は、一点へ向かう。

「あの、まだ最終節を残した段階でお訊きするのもあれなんですけど、来季は……」

ここまでスタイルを築いてきた今シーズンの積み重ねを来シーズンへとつなげるためには、まずは指揮官の続投が不可欠だ。これだけ目に見えて成果を上げているので、他クラブからオファーが来ていることも十分に考えられる。

「いま、クラブと話をしているところです」

と、片野坂監督は答えた。そういうところで嘘をつく人ではないので、それは本当のことなのだろう。フロントの交渉力に期待するしかない、と思ったとき、指揮官がポロリと本音を漏らした。

「でも、悔しいですからね……」

それを聞いたとき、よっしゃ、と心の中でガッツポーズした。この戦術の発展の続きをいちばん近いチームで見守りたいという願いは、どうやら叶えられそうだった。

◆継続性を重視して3年目がはじまった

2018年シーズン、片野坂体制3年目のトリニータは、10名の新戦力を迎えた。

いずれも経験値の高い即戦力揃いで、前所属チームとの対戦時に片野坂監督が要警戒と名を挙げたプレーヤーも多く並んだ。前シーズンの主力からは守護神の上福元直人とボランチの鈴木惇が流出し、出場機会の乏しい若手選手たちは下位カテゴリーのチームへと期限付きで武者修行に出されたが、残りのメンバーのほとんどが引き続きトリニータでプレーすることになり、戦術の継続性は保たれた。

新戦力とはいうものの、ミッドフィルダーの丸谷拓也は、2012年シーズン夏に期限付き移籍でトリニータに加入し、J1昇格を果たすと翌シーズンまで当時の戦術の中核を担った過去がある。サンフレッチェ広島で〝ミシャ式〟からの森保バージョンも経験しており、それをベースとした〝片野坂流〟へのシームレスなフィットが期待された。

西山哲平強化部長が継続性とともにチーム編成のポイントとして挙げたのは「課題の修正」

だった。2017年シーズン終盤の戦いを見るかぎり、チームの抱える課題は明確だ。決定機を仕留める力と、ピンチをしのぎきる力。チームの完成度が上がれば上がるほど、あそこで決めきれていれば、あそこでほころびを作らなければと悔やむ試合が増えた。西山強化部長はその課題について「相手ゴール前の隙を突き、味方ゴール前で隙を与えない」と表現した。

そうは言いながら、ミッドフィルダーやアウトサイドの選手を多く補強したあたりに、チームの方針が浮き彫りになっている。「この選手を入れたからここが改善するというのではなく、組織を強化することでその課題を修正していけるような戦力を獲得しました」ということだった。

決して派手ではないが、目立たない仕事も組織のために堅実に遂行する、玄人好みのプレーヤー。さまざまなシステムに対応しながら複数ポジションをこなせる者が多く、顔ぶれを見ているだけでいくつものオプションが想定された。

2017年シーズンに〝片野坂流〟がある程度の輪郭を表現したことが、この戦術にフィットする戦力の獲得をスムーズにしたのだろう。地味に強力な補強だと感じた。

同時に、ずいぶん難しいことに挑戦するのだなとも思った。これだけ経験値の高い戦力が揃い、平均年齢も上がったチームで、ベンチに入れるのは18人。先発の座に収まるのは11人だ。他チームならばレギュラーとして過ごせるクラスのプレーヤーが、ベンチやメンバー外でどれだけ辛抱できるのか。チームマネジメントのハードルが大きく上がりそうだ。

それも含めて、片野坂監督は2018年シーズンを、自身の監督としてのチャレンジの年と位置付けているようだった。

「今シーズンは、より結果にこだわる采配をします」

ボールを預けておけば一人で得点してくれるような選手がいるわけでもなく、組織全体を底上げするようなチーム編成で「結果にこだわる采配」とは、これいかに。

頑固なようでいて意外に柔軟で、堅実なようでいて実は大胆きわまりない指揮官の新たな挑戦に、期待と好奇心は高まるばかりだった。

◆シーズン序盤から上位をキープ

新チームはプレシーズンからトレーニングマッチを重ねたが、やはり実力の拮抗する30人の優劣はつけ難い。それぞれに確立したプレースタイルを持っており、組み合わせ次第でその特長が増幅したり消えたりした。

2016年シーズンから片野坂監督のサッカーを体現している三平和司や松本怜は「自分たちがいかに新戦力に戦術を伝え、意識を共有することができるかどうかが、このチームを強くするカギになる」と、献身的な姿勢を見せた。ポジション争いが激化することは必至で、もしかするとこれまでに自分の築いてきた定位置が新戦力に奪われることにもなりかねないのだが、そこで選手同士が協力しあわなかったらこのサッカーは体現していけないのだと言う。選手たちに自然とそう思わせるほど、片野坂監督のサッカーは、チームに組織としての緻密さを要求するのだろう。

開幕の栃木SC戦で〝片野坂流〟らしくボールを動かしながら4―2という派手な打ち合いを制したあと、第2節のモンテディオ山形戦は相手の出方を想定して4―4―2システムでスタート。だが、まだ成熟しきれていないチームはこのオプションに上手く対応できず、迷いを生じて相手に勢いを与えてしまう。PKを献上して相手に先制点を許し、システムを3―4―2―1へと変更してからはペースを取り戻して、2度のビハインドを追いつき勝ち点1を積んだ。

選手層の厚さとオプションの選択肢の多さが、結果的に策に溺れたような形となった第2節。それもあってか、その後しばらくは3―4―2―1の基本形で戦いを重ねていく。

水戸ホーリーホックやレノファ山口が新指揮官の下で派手にスタートダッシュをかましたのに引き換え、J1からの降格組である大宮アルディージャやヴァンフォーレ甲府、アルビレックス新潟の苦戦が目立ったシーズン序盤。松本山雅やジェフユナイテッド千葉、徳島ヴォルティスといったJ2で実績豊富なチームも、意外に勝ち点を伸ばせずに低迷していた。

その中で大分トリニータは、ファジアーノ岡山、東京ヴェルディとともに、勝ち点を積み上げていく。試合内容は決して盤石なものではなかったが、それでも勝ちきれる〝強さ〟があった。多分、最初は調子が出なくても、実力派のチームは必ず、シーズン半ばには帳尻を合わせて順位を上げてくる。夏の戦力補強でシーズン後半の勝ち点を大きく伸ばすチームも多い。そんなチームを振り切れるほど、序盤に貯金ができるかどうか。

順位を上げるのが時期的に少し早いのではないかと余計な心配をしながら見守るうちに、チームは第10節、ツエーゲン金沢戦に勝利してリーグ首位へと浮上した。それまで首位をキープしていたファジアーノと勝ち点で並び、得失点差で上回っての僅差だ。そのあとに、レノファ山口、アビスパ福岡らが続く。ヴェルディも第11節まで無敗で追走し、ロアッソ熊本も着々と勝ち点を積み重ねていた。

◆ウイングバックの〝縛り〟をほどく

連勝しても、胸を張って好調ですと言えるほど相手を圧倒したゲームをしているわけではなかった。ときには運にも助けられながら一戦一戦を丁寧に戦い、ギリギリのところで勝ち点を得た試合も多い。

片野坂監督の言った「結果にこだわる采配」がどの部分に表れているのかをずっと考えながら、練習や試合を見ていた。多分、２０１７年シーズンにスタイルのベースが確立したことで、その上に試合ごとの狙いを反映させた戦術的アレンジを施すことが、従来以上にできるようになったのだと思われる。経験値とインテリジェンス値の高い戦力を揃えたことで戦術理解もスムーズとなり、ディテール部分にポジショナルプレーの概念をより細かく落とし込めるようになったのではないか。

それを最も顕著に感じたのが、ウイングバックのポジショニングだった。これまでウイングバックには幅を取って高い位置を取るという〝縛り〟を設けていたのだが、２０１８年シーズンに入ってからは、より相手を視野に入れた狡猾な位置取りで駆け引きできるよう、柔軟性を持たせた。

たとえば第5節の水戸ホーリーホック戦では、右ウイングバックの松本怜が何度か敵陣深くまで仕掛けたあと、それを警戒する相手のサイドハーフとサイドバックの中間、どちらも寄せてきにくい位置からアーリークロスを供給して先制点を呼び込んだ。

第8節の京都サンガ戦でも、ウイングバックの立ち位置で相手を出し抜いた。相手の4―3―3のウイングは攻撃時、大きくワイドに張り出した位置取りでトリニータのウイングバックを押し込み、その間にサイドバックが上がってくる。そこから1トップを目掛けてアーリークロスを放り込むのがサンガの狙いだったのだが、トリニータはそのサイド攻撃に対応しながら、むしろそれを利用する形で、こちらもサイドから攻め返した。ボールを奪って攻撃へと転じても、ウイングバックは敢えて高い位置を取らず、相手のウイングにプレスを掛けさせる。それをかわしてから相手インサイドハーフの状態を見きわめ、攻撃のスイッチを入れるパスを出すと、自らも前線へと出ていく。ウイングバックが低い位置を取っているぶん、前に出てくる相手サイドバックのケアはシャドーが担当した。そうやって上手く相手を剥がしてインサイドハーフを越えれば、バイタルエリアには広大なスペースがひらけている。相手が帰陣するより早くフィニッシュまで持ち込んで仕留めたい。そのためにウイングバックは、相手を引き込みつつ、いつでも攻撃に出ていける立ち位置を取り続けていたのだった。

右サイドでじっくりと組み立てながら相手を存分に引きつけておいて左サイドに展開し、一気に突破を図る攻撃パターンも、多くの試合で成果を上げた。右の松本怜と左の星雄次がそれぞれに特長を生かし、布陣の中で最も遠い位置にいる二人で得点機を演出することも増えた。

◆〝片野坂流〟に対抗する可変システム返し

そうなると対戦相手もトリニータのサイド攻撃を封じに来る。可変システムに合わせるように、攻守でフォーメーションを変えてくるチームも出てきた。

水戸ホーリーホックの長谷部茂利監督は第5節の後半、4―4―2の基本陣形はそのままに、守備時にはボランチの一枚が最終ラインの右端に下りて5―3―2のブロックを築くように指示。前からプレスを掛けながらトリニータのサイドを消す策を取った。

やはり4―4―2システムで戦うツエーゲン金沢の柳下正明監督は第10節、トリニータがボールを持つと右サイドハーフの清原翔平が星雄次をマークして最終ラインまで下がり、擬似5―3―2状態を作り出した。それによりトリニータの最終ライン左の福森直也が前に出来たスペースを使うようになると、今度は左サイドハーフの杉浦恭平を3トップ気味に前に張らせ、守備のときだけ5―2―3でミラーゲームの形を取った。

第9節で対戦した横浜FCは4―3―2―1のフォーメーションでスタート。トリプルボランチの真ん中に司令塔タイプを、その両脇に守備に強いタイプを配置して、左右のボランチが両サイドバックと連係しながらトリニータのシャドーとウイングバックをケアした。攻撃開始のスイッチとなる部分を封じられたトリニータは1トップにクサビを入れるが、それも相手センターバックに潰されるという具合で、この前半は完全に攻め手を欠いた。しかも25分にPKで先制され、早い時間帯とは言えど、このまま守られれば逃げ切られる展開となる。

だが、ハーフタイムを挟んで、横浜FCのタヴァレス監督は次なる一手を繰り出した。トリニータの左サイドを抑えるのに一役買っていた右サイドバックの北爪健吾をベンチに下げ、攻撃的ミッドフィルダーのジョン・チュングンを投入。3バックシステムに変更してサイドをケアするのかと思ったが、後半がはじまってみるとまさかの4―4―1―1だ。ボランチの渡邊一仁を右サイドバックに回し、右サイドハーフにジョン・チュングンという形だった。

この変更によってトリニータは、ブロックでがっちりと抑え込まれていた状態から解き放たれ、スペースを使って気持ちよく攻めはじめる。早速53分、左の星がゴール前へ送った低いクロスに右の松本が飛び込んで、同点に追いついた。

その後も試合はトリニータのペースで進んだが、決定機を逃して1―1のドロー。トリニータにとっては勝たなくてはならない流れだったが、前半のことを考えれば勝ち点1でも儲けものだったかもしれない。

それにしても横浜FCは何故、上手くいっていた前半の策を変更したのか。

リードした状況で、普通ならば完全に狙いのハマっていたシステムを自ら変えることもないと思うのだが、タヴァレス監督は「勝ち点3を取りに行きたかった」と、まるでビハインドのようなコメントとともにこれを敢行したのだった。

このブラジル生まれの敵将は第5節のモンテディオ山形戦でも、3点リードした状態からさらに追加点を奪いに出て1点差にまで追い上げられたという〝実績〟を持つ。わたしは思わず笑ってしまった。シーズン序盤のリーグ戦だからこそ笑って済ませられるのだろうが、こういう針の振り切れた采配が、わたしは大好きだ。

◆最終完成形にたどりつくまで

相手がこちらを潰しに来るのと、こちらが相手を消しに行くのと、どちらが先かといえばニワトリと卵のような話になるが、とにかくそういういたちごっこを繰り返しながら、戦術は進化していく。

複数システムで複数オプションに対応できるプレーヤーを多く揃えたチーム編成からも予想できたように、交代カードを切らずにシステムを変更することも可能な状態だ。もっと言えば、布陣全体が立ち位置を数メートルほどスライドさせるだけで、相手より優位に立つ状況を作り出すことができる。

ピッチ上でプレーヤーが自主的にそれを判断し実行できるようにすることが、作りたいチームの最終完成形のイメージだと、片野坂監督は話してくれた。

その一環なのか〝片野坂流〟の可変システムは、システマティックでありながらどんどんフレキシブルさを内包していくようだ。

「あまり型にハマらずに臨機応変にやろうと思って」

いつからか、指揮官からそんな言葉がよく聞かれるようになった。オプションが細分化していけばいくほど、そのひとつひとつはポジショナルプレーの領域へと近づいていく。

そう考えながら記憶を辿っていくと、2016年の就任当初から行われてきたさまざまな試みが、実はすべてその地点につながっていたのだと気づく。戦術的なことはもちろん、選手たちへのアプローチ方法にしても、チームマネジメントにしても、それぞれに関わる者の自発性を促すように、細やかに配慮されているのだ。

とは言いつつ試合になると、相変わらずテクニカルエリアで躍動している。第11節、町田ゼルビア戦の試合後インタビュー中継では、唇を震わせながら登場したかと思うと一言、

「ダメです！」

という第一声で視聴者を画面に釘付けにした。

「ダメです！　こんなの、首位のチームじゃありません！」

前半だけで3点のリードを奪い、相手が早い時間帯に退場者を出したにも関わらず、その優位性を生かすどころか後半に怒涛の追撃を許し、なんとか4—3で逃げ切った試合。

「どういう状況であろうが、相手がどんな状態であろうが、スコアがどういう流れであろうが、関係なく上回っていくようにならなければ、いまに絶対に痛い思いをするんですから！」

息を切らさんばかりにしての訴えは、記者会見でも続いた。ロッカールームでお灸を据えられたであろう選手たちは、ミックスゾーンでも反省しきりという表情をしている。

だが、そんな指揮官の様子を見ながら、わたしは思わずニヤニヤしてしまった。激怒というよりはプリプリ怒っているという感じで歯がゆさをにじませる指揮官が、サッカーそのものへの誠意に満ちあふれて実にチャーミングに見えたのだ。こんなことを書くととても不謹慎で、真面目に戦っているチームに失礼ではないかと怒られそうだが、こちらだって大真面目に面白がっている。

そして多分、この試合をＤＡＺＮ中継で見ていた多くの視聴者が「なんじゃ、この展開は……」とモヤモヤを抑えきれずにいたところへ、画面に登場するなり誰よりもすごい勢いでダメ出しした指揮官のことを、その髪型の乱れもひっくるめて、とても愛してしまったのではないかと思う。

担当チームと過ごすシーズンは、いつも苦しく、そして楽しい。進化していく〝片野坂流〟をつぶさに見守ることができるなら、なおさらだ。

失敗しない男

北野　誠

◆練習するグラウンドがない！

２０１８年Ｊ２第６節、大分トリニータ戦後の監督会見。カマタマーレ讃岐の北野誠監督は、険しい表情でそこにいた。

「こういう場所で言うと批判になるけど、僕が言わないと変わっていかないから」

そう話す強い口調に、決意と覚悟がにじんでいた。

試合前日、チームは練習グラウンドを確保できず、かろうじて予約できたフットサルコートでトレーニングしなくてはならなかったというのだ。サッカーコートの半分にも満たない天井のある小さなスペースで、やれることと言えばごく限られている。大事な試合に向けての最終調整はそんな事情によって、かなり制限されたものとなっていた。

これが初めてではない。これまでもカマタマーレの練習環境については、しばしば取り沙汰されてきた経緯がある。固定の練習グラウンドを持たないチームは通常、いくつかの練習場を転々としながらトレーニングしている。週のうち一日もフルコートで練習できないまま試合に臨むこともあれば、天然芝のグラウンドでボールを蹴る日も限られている。人工芝ならまだいいほうで、土のグラウンドを使わなくてはならない日さえあった。その実情は想像以上だ。

「芝のところでも、コートを広く取ろうとすると、野球のマウンドにかかってしまう。そこはもう土だから、イメージだけつけさせて、土のところまで行ったらもう蹴らなくていいよって選手には言って。練習終わりには若手がトンボで整地する。ゴールは古い鉄製で、20人くらいで運ばなきゃ危ないくらい重い」

前年の最終節後の会見でも新聞記者からそのことについて問われ、北野監督は「練習環境についてコメントする立場ではない」と前置きしつつ、それに応えている。何か言えば、戦績が奮わないことへの言い訳だと叩かれてしまう。だが、２０１０年にカマタマーレの監督に就任した当初からずっと訴え続けてきたにも関わらず、何も改善されないことへの歯痒さが、これまでにも何度か、会見の席で北野監督の口を割らせていた。

「今年の契約交渉の席で、練習環境を改善していただかないと僕は契約しないって話をしたんですけど、全く変わっていない」

地域リーグからＪＦＬ、Ｊ２へと昇格させて、今年で指揮９シーズン目。毎年のように残留争いに巻き込まれながらもＪ２に留まり続け実績を出してきたチームとは対照的に、周囲の動きはないままだ。小さな地方都市にＪリーグのクラブがあり、全国からいろんなチームがやってきてゲームが開催されることの楽しさを、この地域はいまだ十分には知らない。はるばる応援に駆けつけるアウェイチームのサポーターが観光客として落としていく〝恩恵〟に対しても無頓着すぎる。クラブがホームタウンとする高松市出身だからなおさら、北野監督はそれがもどかしい。

「Ｊリーグに参入して5年も経ったのに、環境の部分が変わらないってのはやっぱり残念だなと思います」

この日に試合が行われたＰｉｋａｒａスタジアムの芝もパサパサに乾き、あちこちがえぐれてボコボコだった。ボールはまともに転がらず、プレーの精度も落ちてしまう。

「プロの興行ですし、あまりにも環境が悪いと良くない。今日来られた大分さんも、このゲームに向けてしっかりトレーニングを積んできたわけで。それがこういうようなピッチだと失礼でしょう」

トリニータが先制し、カマタマーレが追いついて、またトリニータが突き放して勝利した試合。トリニータの決勝点を決めたのは、２０１６年から2シーズン、カマタマーレでプレーした馬場賢治だった。馬場はカマタマーレ所属時代、自身のブログに練習環境についての思いを綴ったこともある。2年のあいだに何度も「讃岐は変わらなきゃいけない」と訴え続けたが、結局何も変わることはなく、「32歳という自分の年齢を考えたら、少しでも早くJ1昇格にチャレンジできそうなクラブに行きたい」と言い残して、このシーズンからトリニータへと移籍していた。馬場の〝恩返し弾〟はそういう意味でも、カマタマーレにとって痛烈だったはずだ。

逆に2011年から5シーズンにわたってトリニータに在籍し、カマタマーレに移籍して3年目の西弘則は「もう慣れました。仕方ないんですよ」と半ば諦めた表情で言う。31歳を迎えたドリブラーは、与えられた環境の中で、日々懸命にやれるだけのことをやり続けている。この日は右サイドハーフで出場し、対トリニータ戦術における重要な役割をこなした。それも前日、どうにかこうにかフットサルコートで確認したタスクだった。

大事な公式戦の前日にまともに練習できないとあれば、選手たちのモチベーションも上がるわけがない。北野監督は「もう今日はみんなで楽しもうぜ！」と気持ちを切り替えさせ、自らフットサルの小さなゴールの正面に立った。「さあ、みんなシュートを打て！　俺に当てたら怖いぞ！」。そんなふうに体を張ってチームを盛り上げ、試合前の雰囲気をコントロールしたのだった。

◆繰り返される過酷な残留争い

そんな状況を知っているぶんだけ余計に、毎年、カマタマーレの〝残留力〟には心底、唸らされてきた。

経営の決して楽ではない地方クラブ、その中でもスタジアムや練習環境の様子を漏れ聞くにつけ、いたるところにいろんな意味での力の脆弱さが感じ取れてしまうJリーグクラブの代表格のひとつがカマタマーレだ。２０１７年初夏には地元名物の讃岐うどんをモチーフにあしらったチームマスコット「さぬぴー」が誕生し、マスコット集合イベントでグルージャ盛岡の折り鶴・キヅールの長いクチバシに脳天（？）の麺をつつかれたりして楽しさを炸裂させているが、だからといって潤沢でない資金をやりくりしているクラブの経営状態が格別改善されたということでは、決してない。

毎年、10月、11月になるとフロントから来シーズンの強化費を告げられ、北野監督と強化部長の模索がはじまる。

「北野さん、どうします？」

「大変だね、これだけか……。じゃあコイツとコイツを取りに行こうよ」

「でも、それでもう強化費の半分を使っちゃうことになります」

「そうか、じゃあ安いの行こう」

そうやって揃えた戦力の平均年齢は自ずと高くなる。２０１８年シーズンにカマタマーレからトリニータへと移籍した馬場賢治の、トリニータでの新戦力紹介の挨拶が「讃岐では年上から数えて13番目でした。大分では上から3番目になったので、若手と上手くやっていきたいと思います」だったので、衝撃を受けた。ちなみに32歳だ。経験豊富で息の長いプレーヤーが揃っているとも言えるが、過酷な環境でのトレーニングは、ベテラン勢の体には負荷が大きい。

もちろん、J2クラブの中にはカマタマーレよりも少ない強化費でやりくりしているチームもある。ただ、他のクラブにはある〝カラクリ〟が、カマタマーレにはないのだと北野監督は無念な表情を見せた。

「うちは、『育ててくれ』って言われることができないから」

練習環境に恵まれていないため、才能がありながらJ1で出場機会に飢えている若手プレーヤーをレンタルすることが難しい。それでも借りることができた選手は、北野監督の下でチャンスを掴んできた。

ガンバ大阪で出場機会のなかった沼田圭悟は2014年にレンタルで加入し、翌シーズンは完全移籍。その2シーズンで出場を重ね、それぞれリーグ戦で5得点と活躍すると、2016年には大宮アルディージャに引き抜かれ、2017年8月からはツエーゲン金沢でプレーしている。日本人の父とスペイン系フィリピン人の母を持つ長身ディフェンダー・高橋祐治は、2015年に京都サンガからレンタルで加入してリーグ戦32試合に出場したが、1シーズンかぎりで期限付き移籍期間を終えて戻ると、2018年にはJ1・サガン鳥栖へと個人昇格した。2015年にロアッソ熊本からレンタルした仲間隼斗は、やはり翌シーズンには完全移籍となり、3年間を北野監督と過ごしたあと、2018年シーズンからはファジアーノ岡山でプレーすることになった。

2013年のJFL時代から主力としてカマタマーレを支えてきたブラジル人のアランと藤

井航大も、ツエーゲンと町田ゼルビアにそれぞれ引き抜かれている。

そうやって指折り数えれば、厳しい練習環境の中でも、選手たちはそれぞれに公式戦の出場経験を積んでステップアップしている。決して「育っていない」というわけではない。

「俺は、来てくれた選手は必ず使うから」

と北野監督は責任を果たした手応えを口にするが、その一方で、経験を積ませて活躍するようになった端から他クラブに引き抜かれてしまうやるせなさも、絶対にあるはずだ。

「そこそこみんな活躍してくれてるので、いいっちゃいいんですけど」

移籍していった教え子たちの成長を喜びながら、未練もにじませた。

毎シーズン、主力選手の流出でチームとして培ったものをリセットされながら、繰り返し繰り広げられる過酷な残留争いのただなかで、時には断崖絶壁に片手でしがみつくようにして、北野監督はカマタマーレをＪ２のステージに残し続けてきた。どれだけ戦績が低迷しても解任されることなく、〝残留させ力〟を発揮してきたのだ。

だが、そんな北野監督も今季ばかりは残留させきれないのではないかと、２０１７年シーズンは本気で思った。開幕から5戦勝ちなしで、当時チーム状態の良くなかったロアッソ熊本やレノファ山口など、残留争いのライバルと目される相手に勝ち点3を献上してしまう。第6節には、Ｊ１からの降格組・湘南ベルマーレに対し前半だけで3点のリードを奪うと、あとはガチガチにゴール前を固めて相手の攻撃を跳ね返しシーズン初勝利を遂げたが、その翌節からはふたたび勝利の女神に見放され、11試合白星なし。２勝目を挙げたのは第18節のツエーゲン金沢戦だ。カレンダーはすでに6月までめくられていた。

内容的には悪くないだけに、かえってタチが悪かった。試合に向けての狙いは当たってい て、主導権を握って進めたりもする。相手が修正してくれれば選手交代や戦術変更で対応し、それも相応に効果を上げるのだが、なぜか先制しても追いつかれたり逆転されたりして勝ちきれなかった。

当然、試合後のスタンドからは怒号が降る。監督を替えろ。クラブが解任しないのなら頼むから自ら辞めてくれ。勝てないチームを率いる指揮官は、一身に罵声を浴び続ける。クラブは監督を更迭するとは言わなかったが、表立って守ることもしなかった。

「孤独だったね。誰も庇ってくれなかった」

その年のシーズンオフが終わろうとする頃、苦しかった当時の様子を、北野監督は振り返った。語り口は淡々と率直だったが、終わったことだからこそ話せるといった雰囲気からは、2017年の戦いの凄絶さが読み取れた。

◆拠点となるクラブハウスもない

戦績の低迷により「今季はカマタマーレちょっとヤバいよね……」という感じがJリーグファンの間にこぼれた水のように広がっていく中で、練習場問題もこれまで以上にクローズアップされるようになった。

狙いや采配は当たっており、内容的にも悪くないゲームを展開しながら、一瞬のほころびや精度不足が響いて勝ち点を積めない。そのことによるストレスとプレッシャーに押し出されるように、スタッフや選手たちから少しずつ根深い問題についての訴えがこぼれはじめ、ついに第24節の東京ヴェルディ戦の試合後記者会見で北野監督が公式に口を開いたことが、その発端となった。

カマタマーレには定まった練習場がない。専用グラウンドを持たないチームはほかにもあるが、実情を詳しく聞けば、カマタマーレの練習環境の過酷さは、他チームの比ではなかった。日常的にトレーニングで使用しているグラウンドは、「高松市東部運動公園スポーツ広場」、「香川県営サッカー・ラグビー場」、「丸亀市総合運動公園陸上競技場」、「Ｐｉｋａｒａスタジアム」の4箇所。最初の二つは高松市で、あとの二つは丸亀市にある。

「どこがいちばん近いんですか」

会話の普通の流れとしてそう尋ねたのだが、その質問自体が、北野監督を困惑させるものだった。

「どこがいちばん近いって……、どこからいちばん近いって答えればいいのかな」

クラブの事務所からいちばん近いグラウンドを挙げるならば東部運動公園で、それでも車で20分ほどを要する。だが、選手たちは事務所を拠点に動くわけではない。毎朝、それぞれの自宅からグラウンドへと直行し、練習が終わればシャワーも浴びずに自宅へと帰っていく。彼らには、チームの活動拠点となるクラブハウスがないのだ。本社は高松市。ホームスタジアムは丸亀市。高松市に住んでいる選手と丸亀市に住んでいる選手で、その日の練習グラウンドへの距離も大きく異なる。

そんな具合に転々とするので、週のうち2、3人は必ずと言っていいほど、練習場を間違える選手が出てくる。ちゃんと確認しなきゃ駄目だぞと一応、たしなめはしても、状況が状況なので責める気にもなれない。

人工芝でのトレーニングは足腰への負担が大きい。真夏日には足の裏の皮がめくれることもある。ベテランのプレーヤーになればなるほど、どこかしら故障しやすい箇所を抱えてもいるので、その環境でフルに練習させるわけにはいかない。そういう選手にはコーチを一人つけてピッチの外でボールタッチなどの軽いメニューを課し、戦術練習のときだけ全体に合流させるようにしていた。

問題は芝だけではなく、コートの大きさにもある。ほとんどの練習日程で、フルコートがろくに確保できないのだ。使えるスペースの端から端まで取って、せいぜいが縦70メートルに横60メートル。本来あるべきフィールドの広さには、はるかに及ばない。Ｐｉｋａｒａスタジアムで練習できる日は、フルサイズの天然芝コートでの戦術確認の貴重な機会となる。選手たちは距離感や芝の感触など、繊細な部分を確かめていく。体への負担のみならず、ボールのバウンドやタッチの感覚も、人工芝と天然芝とではまるで異なる。ましてや土となると、とてもプロが練習する環境とは言えなかった。

「J2に昇格してからは戦力もJ2仕様にしたくて、かつての教え子や欲しいと思った選手たちに『いまは環境も整ってないけど、きっと練習場やクラブハウスも出来るから来てくれ』と声をかけたのに、実際は何も変わらなかった。来てくれた選手たちは『キタさんは頑張ってくれてるから』と理解してくれるけど、本当に申し訳ない」

と、北野監督は身を縮める。クラブの公式サイトには、練習場建設を呼びかける署名用紙がアップロードされているが、地域の熱はいまだ高まっていないようだ。

◆〝残留力〟が呼んだ2017年の奇跡

そんな厳しい環境でのトレーニングを重ねながら、2017年シーズンは、なかなか勝てない苛立ちが、チームを徐々に蝕んでいった。クラブハウスのないことが、その悪循環にさらに拍車をかけた。

練習中に意見が衝突して雰囲気が険悪になるのはよくあることだ。しばらくはその気分を引きずっても、通常ならば、練習を終えロッカールームに戻って話をするうちに打ち解ける。それが戦術やイメージをすり合わせる話し合いの糸口にもなる。

だが、カマタマーレの選手たちにはそういったコミュニケーションの場がなかった。クラブハウスを持たないため、練習後はそれぞれの車に乗って、ばらばらに自宅へと帰っていく。

四国リーグ時代やＪＦＬ時代はまだよかった。独身の若手選手が多かったため、みんなで連れ立って高松市内の温泉施設で汗を流し、食事をともにしていた。だが、彼らが年齢を重ねてそれぞれに家庭を持ち、また、Ｊ２昇格後に加入してきたＪクラブでのプレー経験豊富な既婚の選手たちが増えると、それぞれの家が近くないこともあり、そんな機会も減ってしまった。

結果が出ない中で、控え組の選手たちは不満をつのらせる。主力として試合に出場している選手たちには焦りが生じる。苦しかったＪＦＬ時代からチームを支えてきたメンバーに対する、新加入選手たちの必要以上の遠慮もあった。いたるところで軋みが生じ、チームは崩壊寸前の危機だった。その実情は知らないにしても、上手くいってなさそうな雰囲気は、はたから見ていても感じられるものだ。

その矢先に北野監督が頭を丸刈りにしたものだから、「いよいよ来るものが来たか」と息をのんだ。ここまでの状況に追い込まれ、サポーターからの「辞めろ」コールを浴びながら、なんの決断も下そうとしないクラブに対しての、これは強い意思表示ではないのか。四国リーグ時代から8シーズンにわたった北野政権もこれまでか――。

だが、やはり彼は〝持って〟いた。

第26節の水戸ホーリーホック戦に2―0で勝利したのを皮切りに、ザスパクサツ群馬戦に2―1、横浜ＦＣ戦に1―0、ＦＣ岐阜戦に1―0、ツエーゲン金沢戦に2―1と5連勝。さらに続くアビスパ福岡戦とロアッソ熊本戦でそれぞれ引き分け、チームは7試合で勝ち点17を積み上げた。それまでの25試合で得た勝ち点が14で、最下位のザスパクサツ群馬と並んでいたことを考えると、目を見張るばかりの上昇ぶりだ。順位こそ18位にまでしか上がらなかったが、連勝前には残留圏である20位との勝ち点差が5だったのに対し、連勝後には降格圏である21位との勝ち点差を6にまで伸ばしていた。

当然、世間の耳目が集まる。当時の新聞にも北野監督のヘアスタイルについての記事が掲載された。7月17日、50歳の誕生日に決意の丸刈り。

見事に残留を果たしたシーズン終了後にそのことを振り返って、北野監督は照れたように笑った。

「いや、あれは別に大したことじゃなかったんだよ。誕生日で免許更新しなきゃいけなかったから、京都の自宅に帰ってさ。そしたら息子が『親父、気合入れて坊主にしたほうがよくねえか?』って言うから『じゃあそうしようか』って、そのまま息子にバリカンで刈ってもらったの」

7戦負けなしからの快進撃かと思いきや、そこまでは上手くいかなかった。第35節からチームは再び失速し、ラストまで8戦勝ちなし。最後は連敗でシーズンを終えることになる。

だが、北野監督にとってはそれも織り込み済みだった。

「シーズン終盤になってJ3の戦況を見て、『こりゃ落ちねえな、じゃあいいや』って思ってさ」

2017年J3リーグ戦で最後まで上位を争っていたのは、栃木SC、ブラウブリッツ秋田、アスルクラロ沼津。終盤になって優勝争いから脱落した鹿児島ユナイテッドを含めても、J2ライセンスを持っているクラブは栃木のみだ。J2のほうはすでにザスパクサツ群馬の最下位が決定的だったため、栃木が2位以内に入れば群馬とカテゴリーを入れ替えることになるが、ブラウブリッツやアスルクラロは、たとえ優勝したとしてもJ2に昇格する資格を持たない。この時点でカマタマーレの残留は、ほぼ決定的となっていた。

それを見越して「じゃあいいや」と北野監督が踏み切ったのは、メンバーの入れ替えだった。

「だって、ウチは20位までに入ればいいんだから。それでいままで試合に出なくても頑張ってくれていた選手たちを出したいと思うようになって、結構出した」

と、お茶目に笑う。

「でもプロに対してそれは、甘やかしてるってことになるのかな。実力じゃなくて温情で評価してることになっちゃうから。甘やかして、勘違いさせてしまう。選手たちがみんな客観性を持って自分を見つめてくれればいいんだけどね。そういうのが、俺の悪いところかもしれないね」

そんな逡巡も明かしたが、ともに苦しみながら戦った選手たちをねぎらいたい気持ちのほうが勝った。シーズン終盤の失速がそのせいかどうかはわからないが、かつてないほどに悩んで指揮したシーズンの〝有終の美〟をそういうところに求めたのが、北野監督らしいな、と思った。

◆〝共通言語〟をアレンジする最低限の施策

それにしても見事な〝残留力〟だった。

あの状況からの5連勝を、指揮官自身も「奇跡」と呼んだが、一体どんな奥の手を使ったのか。

答えは実にシンプルだった。

「あたりまえのことをあたりまえにしてくれって、ひとりひとりにきちんと話をしただけだよ」

北野監督の指示した「あたりまえのこと」とは、本当に基本的なことだ。相手のスローインのときにはボールより下がる。相手のゴールキックのときには必ず準備する。戦術トレーニング時に共通理解として叩き込んだ、どのエリアを通過して攻め、どのエリアで守るかという約束事にきちんと従う。

そんな基本的な規律が、勝ちに飢えるあまり軋みはじめていたチームでは乱れていた。それぞれに経験豊富で自分なりにプレーへのこだわりもある選手たちが焦ると、往々にしてこういう事態に陥りがちだ。特に相手のストロングポイントを消しウィークポイントを突く変幻自在な戦い方を続けるカマタマーレでは、勝利にこだわればこだわるほど、自分たちの〝立ち返るべき場所〟が見失われがちなのかもしれない。だから指揮官は折に触れて、組織の中で自分が何を求められているかという原点を、選手たちに再認識させる必要がある。北野監督は毎日、ひとりひとりと向き合いながら、そういった基本的なことを懇々と言い聞かせた。

「あとねえ、コーナーキックからの失点が続いたのは、ストーンの役割をこれまでとは変えたからなの」

と、北野監督は2017年の戦いを振り返る。その前のシーズンまではストーンに強靭な長身選手を二枚、配置していた。だが、2017年はそのうちの一枚の強度を下げた。

「カウンターを打ちたくて、色気づいちゃった。勝てないので途中から変えたよ。色気づくとやっぱりダメだなって思ったね」

もとより北野監督のサッカースタイルは、いたってオーソドックスだ。もしかしたらそれは、安定してグラウンドが使用できないため趣向を凝らしたチーム戦術のベースを構築することが難しく、選手たちの〝共通言語〟である最も基礎的なスタイルを土台として、その上で対戦相手に合わせて細部にアレンジを施すのが効率的であるからかもしれない。

3バックシステムを併用することもあるが、基本的には4―4―2のフォーメーションを好む。

「なぜなら、サイドから持っていきたいから。現代サッカーは中を固めてコンパクトに守る。だったらそんな相手に対して無理に中を通さなくてもいいじゃないか。中で奪われたらうちは失点するので、最初からサイドに運んで、相手をサイドに持っていってしまえと」

加えて、よりゾーンディフェンスの要素が色濃いほうが選手が成長するという観点も、4バックシステムを主に採用する理由に拍車をかける。

激しい守備から繰り出されるカウンター攻撃のイメージも強いが、実は北野監督は「堅守速攻」という言葉が好きではないのだという。

「そういう言葉は確かにあるけど、堅く守って速く攻める、そんなのサッカーではあたりまえだもの」

大前提のことをわざわざスタイルと称するのはナンセンスでしかないと言わんばかりだ。

最大の課題だった失点の多さは、ポゼッション率を上げることで解消へと近づけた。ボールさえ保持していれば相手に攻められることはないから、究極の話、最悪でも負けはしない。だからボールポゼッションというのは実は攻撃ではなく守備である、という理論の下、相手にボールを渡さないように安全なエリアでパスを回す時間帯を長くした。そうすることで確かに、ピンチの回数も減った。

「だからって、いまいち勝ててないんだけどね」

と、北野監督は新たなる課題へと話を展開する。

素早く相手の隙を突いて攻め込むのではなく、後方でしっかりボールを握ることによって守備に追われる時間帯は少なくなったが、その弊害として、相手ゴール前30メートルへと侵入する回数も減ってしまったのだ。

「そこを早く崩さないと、原一樹のようなセンターフォワードは生きない。木島徹也だって同じ。だから馬場賢治が必要だったんだ」

指揮官は、自ら望んでカマタマーレに呼んできた男の名を挙げた。

◆スターのお膳立てに走り回った現役時代

チーム得点ランキング首位の原一樹と、2位の木島徹也。いわゆる〝王道のフィニッシャー〟

タイプである二人を並べても、互いにその魅力を生かしあって増幅させることはできない。決してテクニシャンではなくとも、前線から献身的にチェイシングして味方の得点をお膳立てすることのできる選手が、彼らの相方には必要なのだった。

「頑張れる選手を中盤で使うのなんか普通のサッカーだもん」

そうやって笑いながら話してくれるのを聞きながら、北野監督は自身の現役時代を馬場に重ねていたのではないかと思い至った。

いまから40年あまり前、帝京高校のサッカー部員だった北野監督は、一学年先輩の鋤柄昌宏と2トップを組んでいた。鋤柄は筑波大時代に日本代表に選出されてＡＦＣアジアカップのカタール大会にも出場した、当時から名うてのストライカーだ。大学卒業後に読売サッカークラブに入団すると、ヴェルディ川崎へと改称したＪリーグ創世記にも所属し、その後は浦和レッドダイヤモンズでもプレーした実績を持つ。出場機会は少なかったが、１９９３年に「アートネイチャー」の増毛法「マープＲｅｘ」のＣＭに出演していたこともあるので、河島英五の歌声やそれに由来する「オオカミ」という愛称とともに記憶に残っている人もいるのではないだろうか。

その鋤柄と組んでいた2トップでのコンビネーションについて、北野監督は懐かしそうに語る。

「地味だったもん俺。鋤柄さんのために俺がいたようなものでね。ガラさんのために追って奪って、ガラさんに渡して。ガラさんのためにセンタリング上げて。そうだね、確かにそれは、原一樹のための馬場賢治みたいな存在だったのかもしれない」

同い年で現在はＪ１のＶ・ファーレン長崎を率いる高木琢也監督が〝大砲〟としてつねに布陣の頂点に君臨していたのとは対照的だ。高木監督は２００９年に北野監督が指揮したロアッソ熊本を２０１０年に受け継ぎ、３シーズンにわたって監督を務める。２０１０年からカマタマーレを率いた北野監督は、Ｊ２へと昇格した２０１４年以降、Ｖ・ファーレンの高木監督と対戦を重ねてきた。２０１７年、パワフルなスペイン人フォワードのファンマを1トップに据え、その絶対的存在感を生かしてチームをＪ１昇格へと導いた高木監督と、献身的な黒子的役割を厭わない馬場賢治を2トップの一角に配置し、そのハードワークに助けられてＪ２残留を果たした北野監督。〝国見高校のエース〟と〝帝京高校の縁の下の力持ち〟が、こんなふうにテクニカルエリアでマッチアップするのが、とても興味深かった。

◆相手の長所を消す〝消去法のサッカー〟

北野監督が対戦相手の長所を消そうとする戦法は、どの試合を観ていても面白い。

かつてはＪ２と言えば相手の長所の潰しあいのような試合が多かったが、ひところに比べると、指揮官のサッカー哲学に基づいた明確なスタイルを打ち出すチームが増えた。特に２０１７年シーズンは、ファアン・エスナイデル監督のジェフユナイテッド千葉、ロティーナ監督の東京ヴェルディ、リカルド・ロドリゲス監督の徳島ヴォルティスと、外国人指揮官が増えたことで、さらにその色が濃くなった。J1昇格プレーオフを勝ち抜いてJ2を卒業した風間八宏監督の名古屋グランパスもそうだし、スモールフィールドによる小気味良いパスサッカーに幅を持たせて進化させつつある大木武監督のFC岐阜も独特だ。2018年にはJ1へ昇格してしまったが、曺貴裁監督の湘南ベルマーレはドイツ仕込みの縦に速いスタイルを確立している。2016年にJ3から戻ってきた大分トリニータは、片野坂知宏監督がサンフレッチェ広島で体得した可変システムによる戦術を独自にアレンジして浸透させつつある。

リアクションサッカーを好まない風潮が影響していることもあったと思うが、これだけ特徴の際立ったチームが多くなると、さまざまな対戦相手の長所を潰すことに長けたカマタマーレのようなチームを継続的に追いかける楽しみも増してくる。いわば、名将たちが標榜する〝自分たちのサッカー〟の弱点が、次々にあぶり出されるようなものだ。光が強ければ強いほど影も濃くなるように、コントラストの強いせめぎ合いを繰り広げながら、互いの戦術がいたちごっこで進化していく様子も見応えがある。

1トップを起点として攻めるのが特徴的なV・ファーレン長崎との試合では、起点の落としたボールを拾ってゴールを狙う2枚のシャドーの動きを徹底的にマークすることで、相手の攻撃を封じようとした。幅を使って攻める大分トリニータに対しては、最終ラインとサイドハーフで左右対称のL字型に守備を固め、サイド攻撃を阻んだ。そんな具合に相手のストロングポイントを潰して、そのキーマンに仕事をさせないのが〝カマタマーレのやりくち〟だ。

「だって、俺の立場としてここで求められてるのは、このチームをなんとかこのカテゴリーに残留させることだもの。そうなるとこっちのストロングポイントを出すよりも、相手のストロングポイントを消していかなきゃいけない。消去法でやるしかない。自分がやりたいサッカーと、やらなきゃならないサッカーは違うんだよ」

少しだけ自嘲気味に北野監督は言う。だが、相手のストロングポイントを見極めるところまではそれほど難しい作業ではなくても、それを自分の率いるチームでどうやって潰すかを考え、その作戦を短い時間でチームに落とし込むのは、誰にでもできる仕事ではない。「そこはコーチたちもよく準備してくれるから心強い」と、指揮官は脇を固めるスタッフに感謝の意を表した。

北野監督の一週間は、ひとつ試合を終えるごとに、まずは自チームの試合映像を見返したあと、J2の全試合を2倍速の早送りでチェックするところからはじまる。

「ソリさん（反町隆史・松本山雅監督）にしてもタケシさん（大木武・FC岐阜監督）にしても長澤徹（ファジアーノ岡山監督）にしても、すごく特徴がはっきりしてるし、きーやん（木山隆之・モンテディオ山形監督）なんて本当にわかりやすいから」

と、J2でシノギを削り合うそうそうたる指揮官の名を連ねては、楽しそうに笑う。その中でも、以前は大分トリニータを率い、現在は福島ユナイテッドFCで指揮を取っている田坂和昭監督との対戦が、特に楽しみだったようだ。

「ター坊は考え方が面白いんだよね。新しい戦術をどんどん取り入れてくるから、それに対策するのが俺も楽しくてさ。こっちが途中で変化させたとき、アイツの顔を見てたら面白いよ。ベンチに戻って急いで戦術ボードをさわりはじめるのを指差して、健ちゃん（上村健一ヘッドコーチ）と『ほら、ター坊が困ってるぞ』って盛り上がったりしたよね」

スカウティングのコツを訊ねても、返ってくる答えは「ボールを持ってない選手がどういうポジショニングでどうやってボールを受けるかを見ている」と、やはりシンプルだ。

◆〝クソゲー〟に持ち込めばこっちのもの

そうやって立案した戦術に添って、選手を配置していく。カマタマーレは特に資金の潤沢でないクラブだから戦力は限られていて、多くのプレーヤーが複数ポジションでプレーできるようになっている。その中から、マッチアップする相手との相性や力関係に鑑みて選んでいくため、対戦する側からしてみれば、どの選手がどのポジションで出てくるのかが予想しづらい。前節はボランチで攻撃のタクトをふるっていた高木和正が今節は左サイドバックで攻め上がってきたり、前回は右サイドバックで先発してドリブルでチャンスを作りまくった西弘則が今回は試合終了間際に出てきて左サイドからアーリークロスを放り込んできたりする。

ひとつの試合に向けて選ばれた先発の11人およびベンチスタートの7人には、それぞれに明確な役割が課せられていて、ひとりひとりに対し、懇切丁寧にミッションについての説明がなされる。

「この試合でこういう狙いをもって戦う中で、なぜお前をここに置くのかという意図は必ず伝える。こうなったときにこうやってほしいから、お前をここに置くからねって。それ以上のことは求めてないから、それ以外はボールにさわらないで、くらいまで言うこともある」

笑いながら言うが、選手にしてみれば完全な「駒」扱いだ。だが、「駒」として役割を演じきることが、このチームでのいちばんのサッカーの楽しみ方なのかもしれない。チーム全員で示し合わせた狙いがハマって相手に仕事をさせなかったときの、あの格別な爽快感。北野監督はそれを味わわせてくれる指揮官だ。

「キックオフから5分、10分と様子を見るうちに、予測したとおりのことを相手がやってきたなと思ったら、『よし、これは大丈夫だ』って。相手が何分にどの選手をどの選手に交代させるかまでわかってしまう。逆に相手は、うちみたいな下位チームを相手にするときは裏なんかかかなくても勝てると思ってるからね。やりやすいんだよ」

そういう自虐ネタも、もはやお家芸と化している。

多くの試合で狙いどおりに相手のストロングポイントを潰して〝クソゲー〟化させながら、それでもなかなか勝てないのは、攻守両面でフィニッシュの部分に課題があるからだ。攻撃ではアタッキングサードのアイデアと精度不足。守備では特にセットプレーでの一瞬の隙。いずれも天然芝のフルサイズのコートが恒常的に使えれば、もう少し解消できるのかもしれない。

◆練習メニューのルーツは帝京高校

そんな環境で、北野監督は一体どのようなトレーニングを行なっているのか。

コートが狭いので11対11のゲームができず、基本的に7対7や8対8のゲームを、右サイドなら右サイド、左サイドなら左サイドで分けたグループごとに行う。ゴール前はエリアを区切り、それぞれに「1番」「2番」「アーク」「逆1番」「逆2番」といった番号を振っておいて、相手とのマッチアップにより、どこを通過して攻めるかを細かく決めておく。

狭い中で工夫するのは楽ではないが、それもなかなか楽しそうで、エリアに名前をつけるときも「バイタルエリアってかっこ悪いなー」「じゃあアークにしようか」「Dポケットって言いますよ」「そりゃダメだ」といった具合に盛り上がる。こういった環境で仕事をするコーチングスタッフたちは、逆境を楽しむ力を身につけていくのだ。

グラウンドを使える時間も、たとえば10時から13時までときっちり限られていて、二部練はできない。2時間から2時間半でいかに集中してやるかが勝負になるので、メニューの組み合わせを考える際も、セッティングの効率や選手たちを飽きさせない流れを最大限、心がける。ハートトレート（心拍計）があるわけでもなく、道具も少ない。さらに当初は、その少ない道具を運ぶ機材車もなかった。機材を運ぶ車にフリーキック練習用の人形を積むとほかの道具が積めなくなってしまうので、練習では人を立たせるしかない。コーナーキックの練習も、ポールを立てずにやらざるを得ない。

「グラウンドが狭いから走りのトレーニングもできない。フィジカルトレーニングはボールを使ってやるしかないんだ」

そう話す北野監督に「それはむしろ最近の流行りじゃないですか」と突っ込むと「そんなの俺はずっと前からやってる。まさにピリオダイゼーションだよ!」と大笑いした。

ピリオダイゼーションというのは、オランダ人コンディショニングコーチのレイモンド・フェルハイエン氏が20年ほど前から提唱しているサッカーに特化したトレーニング理論で、最近ではJリーグでもいくつかのクラブがそれを取り入れている。シーズンをいくつかの期間に区切り、プログラムを変化させながら段階的に調子を高めていくのだが、その象徴的な特徴のひとつが、ボールを使ったフィジカルトレーニングだ。

北野監督のトレーニングメニューのルーツは、帝京高校サッカー部時代にまで遡る。

帝京サッカー部と言えば、インターハイや選手権で全国に名を轟かせ、数多くのプロのプレーヤーや指導者を生み出してきた名門だが、実は練習環境は決して恵まれていなかった。やはり全国制覇の経験豊富な野球部と放課後のグラウンドを共有していたため、ごく狭い一角しか使えなかったのだ。

北野監督の恩師である古沼貞雄氏は、そのグラウンドでの練習を通じて帝京を名門へと育て上げ、1965年に監督に就任してから2003年に勇退するまでの長きにわたって、輝かしい一時代を築いた。

「いまにして思えば、実に理にかなったトレーニングをしていたんだよね。自分が指導者になったとき、これこそが必要だと真っ先に思ったのが、古沼先生の練習メニューだった」

北野監督はそう振り返る。狭いスペースで、タッチ数を制限しての3対3。クロスからのダイレクトシュート。

「データを見ると、70％の得点がバイタルのところでワンタッチで決まっているものだからね。高校時代、35年くらい前にやったトレーニングが、僕のトレーニングのルーツ。ボールを使ったフィジカルトレーニングも、そこからだった」

ロアッソ熊本を率いていた２００９年、熊本県立大津高校の当時の監督で帝京高校の２年先輩である平岡和徳氏とも、その〝古沼メソッド〟の話で大いに盛り上がった。

狭いスペースでのタッチ制限を設けたボール回しでは、瞬時の状況判断やスピーディーな中でも高く保たれるプレー精度が求められる。攻守の切り替えもスピード感が増す。選手の身体的負荷や集中力も考慮しながら短時間で効率的にそれらを行っていくのが、当時としては非常に先進的だったという。

ロアッソ時代にはしばしば自ら車を走らせて阿蘇山を越え、大分トリニータのトレーニングを見学しに通ってもいた。２００９年と言えば大分トリニータが初めてＪ２に降格したシーズンだ。２００５年夏から指揮を執っていたペリクレス・シャムスカ監督は、２００８年にはリーグ最少失点記録を達成しナビスコカップ優勝も遂げながら、このシーズンは14連敗して9月に解任されてしまった。だが、北野監督はそのシャムスカ体制で行われていた独特なフィジカルトレーニングがとても面白く、参考にしたメニューをいまでも続けていると明かしてくれた。

◆大門未知子ばりの〝失敗しない男〟

北野監督がトレーニングを参考にしたというトリニータも、その後は経営難が発覚したりJ1からJ3までのカテゴリーを行き来したりと数々の修羅場をくぐっていくのだが、翌年、故郷・香川のクラブであるカマタマーレの監督に就任した北野監督も、立て続けにクラブ史のマイルストーンとなる試合を戦うことになる。

カマタマーレは、前任の羽中田昌監督が率いていた2008年に、好成績を残しながら地域リーグ決勝大会を予選で敗退し、当時はまだ四国リーグで戦っていた。

そのあとを受けた北野監督は、就任1年目にして西日本社会人大会と全国社会人選手権大会を続けざまに制覇すると、四国リーグでもクラブ史上5回目の優勝。それによって出場した第34回地域リーグ決勝大会では、決勝ラウンドで長野パルセイロをPK戦で下し、Y．S．C．C．とのシーソーゲームに勝って、三洋電機洲本も抑え込む。堂々1位に輝いたカマタマーレは、ついに自動昇格でJFLに名を連ねることになったのだった。

JFL1年目は11位と苦戦したが、2年目は4位にまで順位を上げる。そして3年目の

2013年、クラブがようやくJ2ライセンスを取得したのと時を同じくして、2位の座をものにした。J2・JFL入れ替え戦に臨む権利を得て、士気は高まるばかり。相手は前田浩二監督率いるガイナーレ鳥取だ。丸亀競技場で行われた第1戦は1―1、とりぎんバードスタジアムでの第2戦は1―0。いずれも高橋泰のゴールで1勝1分となり、カマタマーレはついにJ2という新たなカテゴリーへと踏み出した。

だが、2014年、カテゴリーを上げての戦いは、そうそう生易しいものではなかった。指揮官と同じく地元・香川出身の高木和正や元日本代表フォワード・我那覇和樹を獲得したのに続き、夏にはガンバ大阪でもプレー経験を持つブラジル人ディフェンダー・エブソンも補強して殴り込んだが、階級を上げたボクサーがフィジカルに差のある相手から力でねじ伏せられるように、苦しい試合が続く。開幕7連敗を含んで14戦未勝利。第15節のカターレ富山戦でなんとかJ2初勝利をつかんだが、その後も下位から抜け出すことができず、シーズンが終わってみれば7勝12分23敗の21位。最下位こそ免れたが、今度は追われる立場として、美濃部直彦監督率いるJ3・長野パルセイロと2年連続の入れ替え戦を交えることになった。1年にして下のカテゴリーに逆戻りするのは、あまりに無念だ。

勝てない試合を続けてJ2下位に沈むチームよりも、勝ち癖をつけてJ3上位につけるチームのほうが、チーム状態が良く勢いもある。その勢いの差が表れて、カテゴリーの入れ替え戦では往々にして昇格を狙うチームが勝利することが多い。

だが、カマタマーレは意地を見せた。長野運動公園総合運動場陸上競技場で行われた第1戦はスコアレスドロー。アウェイゴールを取れなかったのは痛恨だったが、丸亀競技場での第2戦は、71分の木島良輔のゴールにより1―0で勝利。現実的なロースコアでの死闘を制し、石にかじりつくようにJ2残留を果たした。

2015年は残留ラインに少々余裕のある16位でシーズンを終え、このカテゴリーで戦っていけるだけの地力が整ってきたかと思わせたが、その翌年も、開幕から3勝1分の好スタートを切りながら結局、終盤ぎりぎりまで残留を争った。さらに苦しんだ2017年を乗り越え、2018年シーズンもそろそろ夏を迎えようとしている。

北野監督としては、1995年に京都パープルサンガ（現・京都サンガ）で現役を引退してアカデミーで指導したあと、2005年から3シーズンはロッソ熊本（現・ロアッソ熊本）でヘッドコーチを務め、2009年に内部昇格で監督就任してからの、カマタマーレは2チーム目。監督キャリア2年目からいきなり、クラブ史に刻まれる大一番を次々に戦い、昇格と残留という結果を残してきた。2018年シーズンも現在までのところ、下位で足掻いてはいるが、監督人生では〝降格知らず〟だ。

それを指摘すると「だって俺、もうやだもん。あんなしんどい思いするの」と笑った。もう一度、下のカテゴリーから昇格してくることの難しさは、自分がいちばんよく知っている。

「四国リーグの頃がいちばん厳しかったね。リーグで勝つのはいいんだけど、次のチャンピオン大会は一試合も落とせないでしょ。あんなプレッシャーのあるところにはもう二度と帰りたくない（笑）」

カテゴリーを下げれば、クラブの運営にも影響が出てくる。カマタマーレに関わるたくさんの人たちの人生を最前線で背負っている立場としては、死にもの狂いにもなる。

たとえリーグ戦で上位に進出できず、シーズン中にどれだけ残留争いに巻き込まれたとしても、最悪、最終的にＪ２に残留できていればそれでいい。カマタマーレの置かれた現在の状況や環境の中では、それこそが北野監督に託されたミッションなのだ。そして就任以来９シーズン目の２０１８年現在まで、そのミッションは見事に遂行され続けている。

「わたし、失敗しないので」

北野監督は大ヒットしたテレビドラマ『ドクターＸ』シリーズで女優・米倉涼子が演じた敏腕外科医・大門未知子の決めゼリフを真似て言った。

これぞサバイバルのために培われてきた、〝消去法のサッカー〟によるアグレッシブさ。大一番で失敗しない男ならではの腹の括り方だ、と思った。

◆「俺だって本当はスペクタクルなサッカーがやりたい」

そんなわけですっかりサバイバーと化している北野監督だが、では、資金が潤沢で練習環境が整っており、好きな選手を集め放題のクラブでチームを任されたとしたら、どんなサッカーがしたいのだろうか。

ロアッソ熊本で監督としてのキャリアをスタートした２００９年シーズンに、選手たちに指標として掲げたのは「見てる人が楽しいサッカー」だった。

「見てる人が楽しいサッカーとは何だろうと言ったら、やってる人が楽しいから見てる人が楽しいんだよ。じゃあやってて楽しいサッカーって何だって言ったら、それはみんなが同じ方向を向いてやってること。俺はつなぎたい、俺は速いサッカーをしたい、ってバラバラになるんじゃないんだよ。どんなサッカーでもいいから11人が同じ方向を向いてたら、絶対楽しい。お前たちが楽しくサッカーやってたら、見に来てくれる人もみんな面白がるわけだから」

そう盛り上げてスタートしたのは、ボールをつなぐサッカーだった。ただし、その当時、ジョゼップ・グアルディオラに率いられ、三冠達成に続く六冠達成を遂げて急激に注目を浴びたFCバルセロナのようなスタイルではない。ベースの構築や戦術浸透にそれほど時間を要することなく、あくまでも「勝つためにこういうことをしましょう」というふうに、試合ごとの狙いを具体的に示すようにしていた。

基本システムは4―4―2。北野監督を慕ってその後はカマタマーレでプレーすることになる木島良輔や西弘則、市村篤司らがレギュラー陣に顔を並べていた。そのチームをピッチ上でまとめていたのが、このシーズン、名古屋グランパスから完全移籍で獲得した元日本代表ミッドフィルダー・藤田俊哉だった。

「あの年は俊哉に助けられたよ。『あ、北野さんがやりたいのはこういうことね』っていう感じで、まず俊哉がそれをやりはじめて、それでみんながそれについていった」

リーグ最終順位は14位と期待されたほどの結果は出せなかったが、北野監督のざっくばらんとしたキャラクターや、それによって築く選手たちとのフレンドリーな関係性が、チームの良好な雰囲気を醸し出したシーズンだった。

あらためていま、どんなサッカーがやりたいですかと問いかけると、「攻撃的なサッカーだね」と即座に答えが返ってきた。

「絶対に相手にボールを渡さない、つねに攻撃するというサッカーが、やりたいと言えばやりたい」

そういうことを標榜する指揮官は多くいて、サンフレッチェ広島時代に可変システムによる独自の攻撃的スタイルを築き上げ、現在は北海道コンサドーレ札幌を率いるミハイロ・ペトロヴィッチ監督もそうだし、桐蔭横浜大学や筑波大学で指導にあたったあと、2012年から5シーズンにわたって川崎フロンターレで、2017年からは名古屋グランパスで指揮を執る風間八宏監督も、ポゼッションを志向するサッカーの代表格だ。

「でも、僕と八宏さんのボールポゼッションの仕方は全く違う。それはボールの置きどころ」

〝スペースのスポーツ〟であるサッカーにおいては、そのスペースの動かし方にスタイルの特徴が表れるという見方ができる。北野監督が好むのは、細かいドリブルによって相手をかわしながらパスをつないでいくスタイルだ。風間監督とは清水市立第一中学サッカー部の同級生にあたる、大木武監督のスタイルに近い。大木監督はヴァンフォーレ甲府や清水エスパルス、京都サンガなどで百戦錬磨の指揮経験を持ち、岡田武史監督の下で日本代表コーチも務めて、現在はFC岐阜の監督となって新たなパスサッカーを植えつけながら健闘している。

スモールフィールドで目まぐるしくボールの動く大木監督のサッカーは実にスペクタクルで、見ていて楽しい。FC岐阜でも多くの試合においてボール支配率で圧倒的に相手を上回り、パスによるCBP（チャンス・ビルディング・ポイント）の値はつねに突出して高くなる。一試合におけるパス数が900本を超えることもしばしばで、2017年J2第33節のレノファ山口戦では、相手が退場者を出して自陣に引きこもらざるを得なくなった展開も手伝い、ついに1000本に届こうかというパス数を記録した。

そんな大木監督の下でプレーした選手は、その哲学についていこうとするうちに、自ずと高い技術とインテリジェンスを身につける。その典型例が、現在は大分トリニータでプレーする三平和司だ。2010年に湘南ベルマーレでプロデビューした三平はその翌年にトリニータに移籍すると、高い空間認識能力を生かした直線的でスピード感あふれるゴール前への飛び込みから得点を量産。2012年のJ1昇格の立役者となったが、2013年には京都サンガへと移籍した。そこで2シーズン、大木サッカーを経験して2015年に再びトリニータへ戻ってきたときには、プレースタイルが技巧派へと一変していたのだ。

大木監督のサッカーでは、パス回しではなくドリブルを駆使してスペースを生み出す。かわすドリブルによって相手を横に動かすことで、縦方向のスペースを広げ、かつ自身の視野も広げる。そうするとひとつしかなかった選択肢がふたつ、みっつと増えてくる。局面に関わる味方も増える。北野監督も本当はそういう攻撃を、ピッチに描き出したい。

ただ、そういうスタイルを構築するには、やはりいい環境でトレーニングしたいところだ。天然芝と人工芝では感触がまるで異なってくる。伸びしろのある選手も多いほうがいい。すでに自身のプレースタイルを確立しているベテランで、そういうスタイルに適応するプレーヤーは、えてして高額年俸で獲得しづらいという事情もある。

ちなみに北野監督は、大木監督に直接、どうやって選手を動かしているのかを訊ねたことがあるという。大木監督は「それは企業秘密だろう、なんでそんなこと聞くんだよ」と笑って逃げたそうだ。

◆「うちの選手はバカばっかり（笑）」

ストロングポイントの際立つスタイルは、裏返せば大きなウィークポイントを抱えるということだ。縦にも横にも極端なまでにコンパクトな大木監督のサッカーは、相手に奪われた瞬間、逆サイドに展開されると大ピンチに陥るという弱点があった。それを解消するために、京都サンガ時代の途中からは、逆サイドにも選手を張らせておくように戦術をアレンジしており、それはFC岐阜でも続けられている。

「でも俺は武さんがヴァンフォーレ甲府でやってたみたいな、クローズなサッカーをやりたいんだよね」

という北野監督と、どうすれば逆サイドへの展開を食い止められるかという話でひとしきり盛り上がった。アルゼンチンの代表的なスタイルである〝メディア・ルーナ〟が成立するのは、相手にボールを奪われたときに、その密集内ですぐにボールを奪い返せるからこそなのだが、J2には強烈なサイドアタッカーを擁するチームが多く、個人技で上回られて、奪い切るのが難しい。そんなところから話はマルセロ・ビエルサのサッカー哲学へと飛躍し、カターレ富山時代に安間貴義監督がやろうとした3―3―3―1システムについても語り合った。

「だれがどういうふうにオーバーラップやインナーラップをしてくるかっていうね。あれは俺も一度やろうとしたんだけど、守備のときに困るなと思って。それに安間も、それほど縦に行けなかったんだよね、俺は面白いなと思ったけど。やっぱり中盤にタメがないと前には行けないんだなと。そして結局、逆サイドに振られると困るんだよね。結局はそこが問題」

J1クラスの力量を持ち、相手にボールを奪われないプレーヤーが多くいたら、どんなに楽しいサッカーができるだろうね、という夢のような話をさんざんした挙句に、北野監督は「うちの選手はバカばっかりだからねえ……」と、愛情をこめて笑った。

「なんだかんだ言って俺は、こっちのほうが向いてるのかもしれない。中には、ほかに行く場所がなかったからここにやってきたっていう選手もいる。テクニックはなくても、口の達者なヤツは多いよ。そうしないと、この世界で生き残っていけないからね」

カマタマーレを率いる中で北野監督が感じたのは、「J2下位のチームの監督は、監督として選手に接してはいけないのかもしれない」ということだった。

「監督だからって言って、選手との間に壁を作ったらダメなんだろうなと。だから友達みたいな関係を築く。だけど、お前の嫌がるようなことも、俺は仕事としてしなきゃいけないよっていう話はする。それが俺の仕事だからねって。戦術云々ではなく、俺はそういうところなんですよ。だから俺は彼らを、もし他クラブから良いオファーがあるならそこに行かせてやりたいし、なかったらなかったで、ここで何とかやってやりたいと思う」

選手に対してだけでなく、スタッフやメディア関係者ら、カマタマーレを取り巻くすべての人たちに対して、そんなスタンスを貫いているのだろう。2018年シーズンの始動直前、わたしが大分からインタビューのために讃岐まで出向いたときにも、カマタマーレの事務所の玄関口で迎えてくれた広報担当のスタッフを、北野監督はすごい勢いでオーバーラップしてきながら歓迎してくれた。「昨日こっちに戻ってきたんだよね」と、京都土産のお漬物まで用意してくれるという手厚さだった。

大分銀行ドームでの大分トリニータ戦を終えたあとも、帰りのチームバスに乗り込む前に、ミックスゾーンで取材中のわたしに「じゃあ、ひぐらしさん、おつかれ!」と声をかけてくれる。対戦相手の記者にさえこんな具合だから、日々チームに貼りついて取材している番記者たちに対しては「徳島やら愛媛やら、遠いところからよく来てくれるんだよ」と、折に触れてねぎらいの言葉を忘れない。そんな気さくで気取らないフレンドリーさが、人の心を惹きつけてやまないのだろう。

◆失敗しない最大のコツ

〝失敗しない男〟北野監督が教えてくれる〝失敗しない最大のコツ〟は、「準備」なのだという。スカウティングに基づいて、その一試合がどういう展開になるかというシミュレーションを、何通りも想定して準備する。

「昨季あった、センターバック2枚が退場というシミュレーションは、さすがにしてなかったけどね。俺これどうすりゃいいんだってコーチたちに訊いたもん。考えてねえぞって」

と、北野監督は２０１７年Ｊ２第10節・松本山雅戦を振り返って笑った。後半、リ・ヨンジとエブソンが立て続けにこの日2枚目のイエローカードをもらって退場し、0－4で大敗した試合のことだ。10人になった時点で我那覇和樹を西弘則に代えて対応していたのだが、さらに9人になり、木島徹也を下げ高木和正を入れてひたすら守備を固めながらも、さすがに失点は食い止められなかった。

そんな想定外の不運なアクシデントもありながら、北野監督のスカウティングは〝正攻法〟(?)で相手の弱点をシンプルに見極める。試合映像による相手分析はもちろんとして、負傷者情報から選手個々のコンディション、トレーニングメニューに至るまで、自ら情報収集に手を抜かない。

対戦相手のホームタウンで発行されている地方新聞をチェックし、番記者による有料媒体記事も購読して事前情報を仕入れるチームがほとんどというなかで、昨今では、練習見学に訪れたサポーターのSNSから期せずして重要な情報が得られることもある。さすがにプロの番記者になると、出していい情報と出してはいけない情報をわきまえた上で記事を作成するのだが、あまり戦術に詳しくないファンやサポーターの不用意なツイートが、無意識のうちに応援しているチームの情報漏洩に加担してしまうケースも、しばしばあるのだ。いわば無自覚に敵方のスパイとなっている状態と言える。そんな現状を踏まえて、ここ数年は練習見学中のファンやサポーターに写真撮影やSNSへの書き込みをしないよう規制しているクラブも少なくない。

松本山雅の反町康治監督がインターネットで相手チームのサポーターのツイッターやインスタグラムまでチェックしているという話はネタとしても有名だ。Jリーグチームのコアなサポーターたちの間では「ソリさんの情報収集には気をつけろ！」という暗黙の了解が浸透しており、アビスパ福岡のサポーターなどは松本山雅戦が近づくと、「ツイッターでわざと偽情報を流して反町監督を撹乱しよう！」というムーブメントを起こしたりもしている。彼らにより「#反町さん見てる？」というハッシュタグをつけて流された怪情報の数々は、おすすめのスタジアムグルメからディープなJリーグファンでなくては通じない小ネタまで多岐にわたり笑いを誘ってやまない。本人が企図したことではないとは言え、こんなニッチなやり方でJリーグを盛り上げる反町監督の貢献度の大きさは、地味に計り知れないと思う。

その〝大家〟である反町監督に次いで、いまや情報収集の鬼と恐れられはじめているのが北野監督なのだ。Jリーグファンの SNSアカウントでそういう書き込みを目にすることも着実に増えてきている。

その確たる証拠をつかんだのは2015年に対戦したときのことだ。つかんだ、というか、北野監督が自らそれを暴露してくれた。

サッカー専門新聞「エル・ゴラッソ」で大分トリニータの番記者を務めているわたしは、WEB上に掲載する各チームの練習レポート「ブロゴラ」で週に1、2回、小ネタを書いていた。そのほとんどが「くっだらねえ」と笑いを誘う系の記事で、目を通したところで試合に影響を及ぼすような重要な情報は皆無と言っていい。担当記者によってカラーの違いはあっても、当時のブロゴラはほとんどのチームで、そういう「くっだらねえ」ネタの、いい意味での吹き溜まりになっていた。北野監督はそのブロゴラの小ネタにまで密に目を通していたことを、記者会見の場で明らかにしたのだ。

そのシーズン、J2第35節のカマタマーレ讃岐戦を前にしてブロゴラに書いたのは、2010年にロアッソ熊本で北野監督の指導を受け、当時はトリニータでプレーしていた西弘則の〝師弟対決〟についてのネタだった。もちろん、通常営業のくだらないノリだ。この師弟は前年、カマタマーレがJ2昇格してきたシーズンに、すでに初めての敵味方としての顔合わせを済ませていた。その試合に右サイドバックで出場していた西は、敵将としてテクニカルエリアに立つ恩師から野次を飛ばされ、プレーへの集中を妨害されたという。西は試合前から「北野さんは相手の裏をかくのが得意。何をやってくるかわからない要注意人物」と北野監督を警戒していたのだが、その敵将は案の定、そんな手段まで駆使してこちらを削りに来た。その経験を踏まえ、今回は集中力を鍛えて死角なし、という程度の内容だった。

スコアレスドローで痛み分けとなった試合後の記者会見の席で、北野監督はわたしの質問に答えてくれたあと、不意にこんな一言を、笑いながら付け加えた。

「それから俺、今日はヒロノリに野次は飛ばしてないから」

予期せぬ奇襲に唖然としていると、会見室を出ていくときにももう一度振り返って「野次は飛ばしてないからね」と指差しとともにダブルアプローチを受けた。ミックスゾーンで西にも「お前、もっと攻め上がれよ、その裏を狙ってたんだからさ」とプレスをかけまくる北野監督の背中を見ながら、あんな些細な記事まで読んでいるのか……と舌を巻いた。

◆いまは守るとき、いまは攻めるとき

そんな記憶をたどりながら、そういえばあの試合も、北野監督の狙いがハマってトリニータは何もさせてもらえなかったのだったと思い出す。シーズンも終盤に差し掛かっていたあのとき、カマタマーレは勝ち点38で17位。目標を「20位以内でJ２自動残留」と公言しており、残留争いに巻き込まれないために、J３降格圏の21位に沈むトリニータを確実に蹴落として、一節でも早く安全圏での足場を固めたい状況にあった。

そこでカマタマーレは、立ち上がりからしっかりとブロックを組んでゴール前を固めた。スペースを消して大分のテクニカルなドリブラーやスピード自慢の選手たちにほとんど仕事をさせず、「とにかく失点しないこと」を最優先とする。無理に攻めようとはせず、相手のミスを待ってカウンターチャンスを狙った。

もちろん、トリニータとしてもカマタマーレがガチガチに守ってくることは想定内だ。ストレートにカウンターを食らうことを避けるため、リスクマネジメントを頭に入れながら早めにサイドに展開し、大きなサイドチェンジでカマタマーレの守備に揺さぶりをかけた。

だが、カマタマーレの守備陣は、激しく体を寄せてトリニータの前線にボールを収めさせない。この日のトリニータの2トップは後藤優介と伊佐耕平で、いずれも狭いスペースではストロングポイントが生きなかった。そこでトリニータは後半頭から、後藤を下げて長身のブラジル人フォワード・エヴァンドロを投入する。アバウトでもとにかくボールを入れて前線に起点を作る狙いだったが、どちらかというとエヴァンドロもスピードで勝負するタイプの選手で、それほど足元に収めるのは得意ではない。

攻撃の形を作れないトリニータがトーンダウンするのと引き換えに、次第にカマタマーレがセカンドボールを拾って主導権を握りはじめると、66分、北野監督は疲労した仲間隼斗を高さとスピードを併せ持つ沼田圭悟に代え、さらに攻勢を強めた。

そうなると、トリニータは岐路に立たされる。オープンになりスペースが生まれてきた展開の中で、攻撃にテコ入れして攻めることにより試合の流れを引き戻すのか。あるいは、守備を固めることによりカマタマーレの勢いを増す攻撃をしのぐのか。

トリニータは、フォワードの伊佐を下げてディフェンダーの安川有を投入し、守備時は5バックでゴール前を固め、攻撃に転じれば両サイドが高い位置を取るという戦法を選んだ。だが、結果的にこれが中途半端な形となる。確かにサイドのプレーヤーは、攻めてくる相手の背後を突いて高い位置を取れたが、クロスを入れたところで中央で合わせるべき選手がいない。後方で守備ブロックを形成していた彼らが前線へと上がってくるより前に、カマタマーレは行き場を失ったボールをことごとく回収して攻め返した。

もはやカマタマーレが優勢なのは明らかだったが、それでも北野監督は、最後の最後まで我慢した。90分間を無失点でしのぎ切り、勝ち点3を獲りに行ったのは、アディショナルタイムに入ってから。木島良輔をアランに代えて前線の強度を増すと、最後のひと押しを狙った。

結局、トリニータの守備陣に阻まれて試合はスコアレスドローに終わったが、戦力個々のポテンシャルは高くとも、試合の流れの中でどう戦うのかを明確にできなかったトリニータよりも、いまは守るとき、いまは攻めるときと割り切ってシンプルに意思統一していたカマタマーレのほうが、いいサッカーをしていた。3枚目のカードをどう切るか悩むうちに試合終了を迎えてしまったトリニータとは裏腹に、最後の最後で勝ちに行った北野監督の采配は潔く、気持ちのいいものだった。

まさに〝消去法のサッカー〟にしてやられた一戦。トリニータの番記者として悔しい思いをした記憶は、いまもこうして鮮やかに蘇ってくる。

◆サッカー文化が育たないホームタウン

２０１７年シーズン、苦しみながらなんとか19位でＪ２残留のミッションを果たした北野監督はその後、本気で進退を考えたという。

四国リーグ時代から数えて８シーズン。就任以来、要求し続けてきた練習環境の改善はなされず、強化費も増える見込みのないままの状況に、心の底から疲れを感じていた。

12月にはこれまで後援会会長や相談役を務めていた川村延広氏が、新たにクラブの社長に就任した。百十四銀行専務、百十四リース社長を経て高松市に本社を置く住宅建材会社の会長も務めた川村氏は、カマタマーレにとってはクラブ初の民間企業出身トップリーダーだ。２０１６年度決算が４年ぶりの赤字となったクラブの経営改善に向け、これまでとは違う風を呼び込むことが期待された。

後援会会長時代からときどき食事に誘われるなど、北野監督とも以前から交流がある。地元経済界で活躍してきた新社長の手腕が楽しみなところだが、それでも北野監督の気はなかなか晴れなかった。それほどまでに２０１７年のダメージは、これまで蓄積されてきた疲労にとどめを刺すレベルの大きさだったようだ。

ホームタウンは小さな地方都市。負けが込むと、街も歩きづらい。趣味のツーリングで気晴らししたくとも、チームの成績がかんばしくない状態ではそれもはばかられ、結局シーズン中は一度しか、愛車のハーレーにまたがらなかった。

「この予算、この環境でやってるこっちは必死だし結果も出してるんだけど、それじゃまだ足りない。みんなＪ２にいるのが当たり前だと思ってるから。知名度は上がっているんだよ。街を歩いていても声をかけられるし、カマタマーレがプロクラブだってこともわかってくれてる。ただ、Ｊ２というランク感がわかっていないのかもしれないね」

２０１６年Ｊ２第25節、カマタマーレはホーム・Ｐｉｋａｒａスタジアムにセレッソ大阪を迎えた。セレッソでプレーする日本代表選手をはじめ知名度の高いスターたちを見に、ホーム側のサポーターもいつもより多く詰めかけ、この日の入場者数は１万１３７６人。試合はカマタマーレが２点を先行して逃げ切り勝利して、大いに盛り上がった。

だが、その翌週、ホーム連戦となった第26節のモンテディオ山形戦を見にＰｉｋａｒａスタジアムへやってきた観客は、わずか２４９４人だった。海を挟んで隣県のセレッソに比べ、モンテディオサポーターの数が大幅に少ないと見積もったとしても、この激減ぶりは衝撃的だ。試合のほうは、序盤に先制されながら選手交代が奏功して同点に追いつき、アディショナルタイム、最後のワンプレーで大逆転勝利を収めた劇的展開だっただけに、本当にもったいなかった。

小さな地方都市を拠点とする〝おらが町のクラブ〟が地域を巻き込んでいくために必要なのは、チームの好成績なのか、クラブの、ひいてはＪリーグのプロモーションなのか。

本来であれば、それを考えるのは監督の仕事ではない。監督はチームマネジメントに集中し、ピッチで結果を出すことだけを考えていればいいはずだ。残念ながらそれがそういうわけにもいかないクラブはこの国の各地にいくつもあって、北野監督ほどかどうかはわからないが、頭痛のタネになっている。

「もうやめたら？　お父さん来年もまたこういう思いするんだよ」

２０１７年シーズン終了後、北野監督は、単身赴任中に京都の家を守ってくれている奥様にもさんざん言われたという。「お父さんはいつも大丈夫っていうけど、外から来た選手は絶対怪我しちゃうじゃない。どうせ来年も一緒だよ」

「それもわかってて、またやるんだけどね……」

と、北野監督は苦笑いする。クラブにも強く慰留された。地元に住む昔からの仲間たちが支えてくれることを考えると、高松市出身の自分だからこそ、カマタマーレと地元とのつながりを保っていけるのだろうかとも思う。

◆天変地異からおみくじまで

「正直言って、いまだかつてないくらいのモチベーションの落ち方だった」

２０１７年シーズンを終えた直後の自身の状態を、北野監督はあとになって打ち明けた。心身ともに疲れ切って、どうにも動く気がしなかった。

しばらく休みたい……。

そう思う北野監督を、だが、運命は、どうやらそっとしておいてはくれないようなのだった。

年が明けて、自宅から近い東寺に、家族と連れ立って初詣に出かけた。いつも初詣はクラブの必勝祈願で讃岐の神社に行くので、プライベートで出かけるのは何十年ぶりかの話だ。参拝を済ませておみくじを引いてみると、「第百番」が出てきた。

「おっ、珍しいな、百番だなんて」

そう思って開いてみると、なんとそこには「凶」の一字が。

「やっぱりかー！　底やんか俺ー！」

「すげえなお父さん！」

納得する父に感嘆する息子。この状況、このタイミングで「凶」を引き当てる「持ってる」感に、ふたりして思わずテンションが上がった。

「ああ、底だ、あとはもう上がっていくしかないんだな、と思って。あれでちょっとモチベーションが回復したんだよね」

と笑う。北野監督にとってのモチベーションとは「苦境への受け入れ態勢」のようなものなのかもしれない。

そのオフに家族旅行で行った南紀白浜では、地震に見舞われた。それでも熊野大社にまで足を伸ばして、日本サッカー協会のシンボルとなっている八咫烏を拝み、年末に書かれた「叶」という一文字揮毫も見た。

「そうだな、プラス思考で行こう。マイナスのことは吐かずに」

気持ちも切り替わったところで、2018年シーズンの契約書にもサインした。

いよいよチーム始動に向けて京都の自宅から讃岐へと戻る日。北野監督の乗った新幹線の前を、ドクターイエローが走っているではないか。新幹線が問題なく走行できるように線路や電線をチェックするこの車両は、いつどこを走るかが公表されていない。偶然その姿を目撃した人はラッキーだとして〝幸運の黄色い新幹線〟とも呼ばれている。

よかった、やっぱりあとは上がっていくだけなんや……。

そう思いながら列車に揺られていると、なんと今度は急激に降り出した大雪のため、瀬戸大橋で長々と足止めを食らってしまった。

「なんだよ、帰ってくるなってことかよ！」

どうにも、一筋縄で上昇気流に乗らせてもらえない。

だが、弱音を吐いている暇はない。カマタマーレにとって、期間は短くともプレシーズンのキャンプは、環境の整ったグラウンドで対外試合を行える貴重な機会なのだ。キャンプなら一箇所に行けばいろいろなチームと手合わせができる。シーズンが始まってしまうと、トレーニングマッチのために出向いていく予算も、対戦相手を呼ぶグラウンドもない。

「でも、グラウンドがないことを勝てない言い訳には絶対にしたくない。練習場がない中で、どれだけ知恵を出して勝てるチームを作っていくかを考えるのが、俺の仕事だと思うし」

環境が改善されないことへの歯痒さを抱きつつ、この状況を引き受けていくと腹を括った表情で、北野監督は言う。

「俺の中でのサッカースタイルは、もう反骨心しかない。金満クラブに対しての反骨心。なんとかやってやろうというね。あともうひとつは、応援してくれてる人たちに恥をかかせられないじゃん。そこだけ。それに、金はないけど俺にみんなよくしてくれるんですよ」

もっといい条件のクラブに行けばいいのに、といろんな人に言われる。カテゴリーが下でも、カマタマーレより環境の整ったチームもある。カマタマーレでは、クラブスタッフでは築けない地域との関係を、地元出身の北野監督が築かなくてはならない。シーズン終了後も年の瀬が押し迫るまで家に帰れず、お世話になっているあちこちへの挨拶まわりに追われる。勉強に行こうと計画していたイタリアにも、結局行けずじまいだった。

「でもね。ひとつには『これは俺がやらないとどうしようもないんだろうな』っていうのがある。結局ね、好きなんですよ。貧乏クラブのほうが、俺は好きなのかもしれない。会社が主導権を持ってやってくれるようになったら、俺の仕事は終わりだと思う」

何がどう転んでも苦労を背負い込む運命にあるのだろうか。サッカーの監督にはそういう〝体質〟の人が多い。大分トリニータと清水エスパルスで指揮官として激動の日々を過ごし、現在は福島ユナイテッドFCの監督として頑張っている田坂和昭監督もそうだ。「誰かがやらなきゃいけないのなら、俺がやる」とばかりに火の中へと飛び込んでいく。そこに火中の栗があることを信じているのか、そもそもそんなものはアテにしていないのか。そしてむしろそんな逆境に身を置くときのほうが、彼らは揃って例に漏れることなく、より生き生きと輝くのだ。

「ただ、それでなまじっか結果が出ているからダメなんだろうね。だからいつまで経ってもグラウンドが出来ないんだろうとも思う。いっそJ3に落ちたら、練習場が出来るかもしれない。下手にJ2に残ってこの環境でやるから変わらない。ライセンスがないからJ1には行けないし」

そんなジレンマも口にしながら、「でも今年はだいぶ若い選手が増えたし、またやりたいサッカーをやってみようかなと思ってるんだ」と、決意を新たにしていた2018年1月。カマタマーレでの9シーズン目に向けて、北野監督はどこか吹っ切れたような表情で言った。

◆逆境に追い込まれれば追い込まれるほど

その1月のインタビュー以来、北野監督と顔を合わせることができたのは、3月。J2第6節、カマタマーレ讃岐対大分トリニータの取材でPikaraスタジアムにお邪魔したときのことだ。今回はこちらは対戦チームの番記者という立場だから、北野監督はいわゆる〝敵将〟なのだが、「やりたいサッカーをやって」いる現場を生で見ることができるのを、楽しみにしながら讃岐に向かった。

試合前に記者控室で取材の準備をしているとき、「いま廊下に北野さんがいるよ」と知り合いの記者が教えてくれたので、挨拶しようと思って飛び出すと、敵将はカマタマーレ担当の番記者たちを前に、ひとり気を吐いていた。

「だって、プロの興行なんだからさ。こんなピッチでは対戦相手の大分さんにも失礼でしょ」

どうやらこの日のＰｉｋａｒａスタジアムの芝の状態について苦言を呈していたところだったようで、

「ほら、ひぐらしさんだってきっと怒っちゃうよ」

と、タイミングよく顔を出したわたしを、北野監督は話の輪へと引き込んだ。こちらとしてはてっきり、北野監督は相変わらず改善されないカマタマーレの練習環境に対して怒っているのだとばかり思っていた。

というのも、この大分トリニータ戦の前日、カマタマーレはまたもグラウンドを確保することができず、チームはフットサルコートでトレーニングせざるを得なかったというのだ。その事実はクラブの公式ツイッターでも発信された。その全文はこうだ。

「チームは試合前日ですが高松市内のフットサル場でトレーニングを行っています。

天候も悪いわけではありません。

それでもチームは明日の試合に全力で臨んでくれます。

選手、監督、チームには申し訳ない気持ちでいっぱいです。

この事実を多くの人に知っていただきたいです。」

普通の感覚であれば、「いやいやいや、ちょっと待って。あんたたちが頑張りなさいよ」という話になる。だが、クラブオフィシャルとして常軌を逸しているとしか思えないこのツイートは、多分もう、ここまで追い込まれていながらどうしようもできないスタッフたちの切なる訴えなのだろうと、これまでの経緯を知る身としては、察しがついた。

試合に向けて最終調整を行いたいときに、ピッチを使って戦術確認もできない現状。それぞれのチームにそれぞれの事情はあるものだが、やはり試合では互いにベストを尽くしてぶつかり合いたい。

だが逆に、それほどまでに制限された環境で、北野監督がトリニータ戦に向けてどういう準備をしてきたのかが、非常に楽しみでもあった。逆境に追い込まれれば追い込まれるほど、目を爛々と輝かせる指揮官のことだ。今回の対戦で、カマタマーレはトリニータのどこを〝消して〟くるのだろう。それを楽しみにしていると言うと、北野監督は、

「いやいや、何も準備なんかできないよ。選手たちのモチベーションを下げないために『今日はもう楽しもうぜ！』って、楽しくレクリエーションゲームをしただけだから」

と手を振った。いや、そんなはずはない。レクリエーションゲームの前に、きっとその制約の厳しい環境の中で、最大限に綿密なトリニータ対策を落とし込んできたはずだ。そのお手並みを、とくと拝見したかった。

◆またも狙いはハマっていたのに

２０１８年シーズンのカマタマーレは、大きくその陣容を変えた。

北野監督にとっては帝京高校の後輩でもあり、２０１３年からチームを支えてきた大沢朋也が引退。そして四国リーグ時代から中心選手として戦ってきた綱田大志、ＪＦＬからＪ２への昇格に貢献した木島良輔や山本翔平、Ｊ２での残留争いに不可欠だったエブソンらと契約を更新せず、また、仲間隼斗、馬場賢治、イ・ジュヨン、アランらは他チームに引き抜かれる形で移籍していった。実に15名のプレーヤーがチームを去ったことになる。在籍期間の長い選手も多く、情に厚い北野監督としては意を決して大鉈を振るった、ということもあったかもしれない。

代わりに入ってきたのは9名。町田ゼルビアから重松健太郎、モンテディオ山形から荒堀謙次と、経験豊富な二人を獲得。また、ベガルタ仙台から佐々木匠、京都サンガから麻田将吾と期待の若手を期限付きでレンタルした。ほかにレノファ山口からパク・チャニョン、ＦＣ東京から佐々木渉、Ｖ・ファーレン長崎からソン・ヨンミン。関西大から鈴木拳士郎、カマタマーレＵ―18から濱口草太のルーキーも加え、スリム化するとともに全体の若返りを図った。

1月15日に始動したチームが開幕から披露したのは、ポゼッション志向を前面に押し出したスタイルだ。２０１７年後半にはそれまでよりポゼッション率を高める戦い方へとシフトしていたが、２０１８年シーズンのカマタマーレの戦いぶりからは、ポゼッションする意思がはっきりと見て取れる。

開幕戦から麻田とパク・チャニョンのセンターバックに加え、重松やダブル佐々木ら新戦力が多く出場している〝新生・カマタマーレ〟は、第5節まで終えた時点で1勝4敗と、なかなかの苦戦ぶりを呈した。勝利した第2節のツエーゲン金沢戦では佐々木匠が期待に応えて躍動したが、それ以外の試合では、ここは前年までと同じく、決定機を逃し一瞬の隙を突かれて、結果を出せていない。第4節のジェフユナイテッド千葉戦は、それまでの4バックシステムから3バックシステムへと変更して臨んだ相手に意表を突かれ、6失点して大敗を喫し、3連敗となった。

そこからの大分トリニータ戦では、なんとしても連敗を止めたいところだ。試合は晴天の下、14時キックオフ。

北野監督はこの試合で、これまでは右サイドハーフで出場していた佐々木匠を、4―2―3―1システムのトップ下で起用した。左サイドハーフの重松とのテクニカルなコンビネーションによって攻撃を組み立て、そこに相手を引きつけると、ぽっかりと空いたスペースへと上がってきた左サイドバックのアレックスにパスを出す。また、逆サイドでは右サイドバックの佐々木渉がタイミングよくインナーラップで攻め上がってスルーパスを供給するなど攻撃に絡んだ。前年までのカマタマーレではあまり見られなかった攻めの形だ。

左サイドで選手たちが流動的に絡みながら組み立てる場面が多くなったため、特に右サイドで顕著に見られたのが、この日はサイドハーフで出場していた西弘則のポジショニングだ。トリニータのウイングバックが最終ラインの高さまで下りて5バック状態でブロックを作ったときには必ず、センターバックとウイングバックの中間あたりに立っていた。誰がマークにつくのかの判断を迷わせる曖昧なポジショニングであるとともに、トリニータの左ウイングバックの攻め上がりを抑える目論見もあったと思われる。70分に西が高木和正と交代したあとも、高木がずっとそこに貼りついて、左サイドからボールが出てくるのを待ちながらゴールチャンスを窺っていた。サイドハーフがワイドに張ってトリニータのウイングバックを引きつけ、そうやって空けたボランチの脇のスペースへとサイドバックがインナーラップして攻める形が、何度も見られた。

守備では高い位置でブロックを構え、その前でトリニータにボールを持たせた。トリニータは出しどころを探してボールを動かしながらブロックに揺さぶりをかける。その一瞬のミスを突こうとするカマタマーレは、ここぞというタイミングでクサビのパスを潰しには出るが、基本的にはスペースを消して、相手に攻撃させない姿勢を保っていた。

そうやってカマタマーレは、トリニータを苦戦させた。だが、32分にハーフウェイライン付近から放たれたスーパーなフリーキックにより先制点を奪われる。自分たちのペースに持ち込む流れを作りながら、こういう形で失点してしまうのが、いかにもカマタマーレらしい展開だった。

さらに不運なことに、右サイドで後方から攻撃参加し数的優位の演出に貢献していた佐々木渉が負傷する。北野監督は後半の頭から、そこに武田有祐を入れ、1点のビハインドを追って攻勢を強めた。

左サイドバックのアレックスがより高い位置へと上がってくるようになり、ボランチの永田亮太も頻繁に最前線にまで顔を出す。それまではバランスを崩さずにいたところから、リスクを冒して攻めに出ることにより、トリニータのシャドーに守備に戻る必要性を生じさせ、攻撃のスイッチを入れることができない状態を作り出した。

そうやってトリニータを押し込んでいた61分、武田のロングスローがクリアされたところを岡村和哉がミドルシュート。それはゴール前の密集の中で永田の足に当たってしまったが、そのこぼれ球に素早く反応した原一樹が押し込んで、同点とする。

狙いがハマってスコアを振り出しに戻したカマタマーレだったが、その6分後に馬場賢治の〝恩返し弾〟で再び突き放されてしまった。こういう詰めの甘さが、どうにも改善できていない。リードしたトリニータはもう一度追いつこうと前がかりになるカマタマーレの背後を突いて勢いのあるカウンターを繰り出し、カマタマーレも前線にパワーをかけて追撃したが、両軍ともフィニッシュの精度を欠いて、スコアは1―2のままタイムアップ。

カマタマーレとしては、なんとも無念な敗戦となった。主導権を握って試合を進める時間帯が長かっただけに、いくつか築いた決定的なチャンスを仕留めきれなかったことが悔やまれる。

◆2018年も指揮官の頭痛は続く

試合後の記者会見を終えたあと、北野監督を追いかけてサイドハーフのポジショニングについて教えてもらった。

「あれがこの試合のポイントだったんですね」

「そうだよ。フットサルコートで、かろうじてあれだけ確認したんだ」

当然と言えば当然だが、やはりレクリエーションゲームだけで終わるわけはないのだった。多分、控え組の選手たちをトリニータのウイングバックやセンターバックに見立て、その前にサイドハーフを立たせて、サイドバックやボランチの攻撃参加の仕方を確認したのだろう。フットサルコートでは満足な幅も取れないから、片側サイドずつ、ゴール前エリアだけを想定したシミュレーションを行ったのではないか。

右サイドハーフでその戦術を遂行し続けた西弘則にミックスゾーンで話を聞くと、「あれが作戦だったんですけどね……」と悔しそうな表情を見せた。練習環境については仕方ないと諦めている様子だったが、十分なピッチがあれば、戦術確認と同時に、選手同士の距離感とかパスやシュートの感覚といったものまで、頭だけでなく体にも染み込ませることができただろう。そこに至るまでの狙いがハマっているにも関わらず、フィニッシュの精度やアタッキングサードのアイデアが不足して得点チャンスをフイにしてしまう最も大きな原因は、どうしてもそこにあるとしか思えない。

北野監督が記者会見でぶちまけた練習環境についてのコメントは、試合の翌日に、カマタマーレのオフィシャルサイトや地元新聞に掲載された。これで何かが変わってくれれば、と願いながら目を通した。

大分トリニータ戦の翌週、カマタマーレはアウェイで京都サンガと対戦し、1―1で引き分け。大分トリニータはそのさらに翌週、アウェイでサンガと対戦した。トリニータの番記者として西京極へ行った際に、サンガ担当記者から衝撃的な事実を聞かされた。

「うちとの試合の前日も、フットサルコートで練習させられたそうですよ……」

「ええっ!?　マジで？　前の週にあそこまで言ったのに!?」

「しかも宿の予約も取れなかったみたいで、大阪に泊まって移動してきたみたいです……」

「はあ!?　日程決まってすぐに手配しなかったんですかね？」

高校生の部活動ではない。これがプロクラブの置かれている現状だ。

北野監督がのんびりと羽を休める日はまだまだ来そうにないな、と遠い目になる。

きっとこれからも、割り切るところは潔く割り切って相手のストロングポイントを無効化しつつ、一撃必殺で秘孔を突くような狙いを持った戦いを繰り広げながら、試合後にはＳＯＳを発信し続けていくことになるのだろう。

楽しみにしていると他人事のように言うには重すぎる現実だが、北野監督の最も北野監督らしさが輝くのは、やはりこういうところなのかな、とも思う。

いまＪ２は第8節まで終えて、カマタマーレは1勝2分5敗で最下位に沈んでいる。だが、4連敗のあと、京都サンガと松本山雅に2戦負けなし。シーズン序盤に調子が上がらず下位でもがいている相手との対戦では、きちんと勝ち点1を積み上げている。ここから上昇気流に乗るのか、はたまた例年のように残留争いに巻き込まれ続けるのか。

正直言って、この練習環境が続くなら、カマタマーレの上位進出は当分、なさそうな気がする。でもたとえどれだけ苦しんだとしても、きっとシーズンの終わりには重要な試合をものにして、最低限のノルマは果たす。それが北野監督だ。

「わたし、失敗しないので」

そう言って笑う指揮官に、お見事でした、と頭を下げる図が浮かんでやまない。

見えない力を求める男　高木琢也

◆劇的勝利は渾身の仕事を信じるところから生まれた

高木琢也監督の率いるチームは、しばしば劇的な結末でゲームを楽しませてくれる。ロアッソ熊本の監督時代には、「残り15分で勝ち切る男」と呼ばれたこともある。最後まで行方のわからない試合に観客は白熱し、勝って酔い痴れたり敗れて打ちひしがれたりする。その終盤の盛り上がりが、サッカー観戦の面白さに華を添える。だから高木監督の采配が好きなんです、と伝えると、

「それじゃ駄目なんですよ」

と高木監督が苦笑いしたので、そりゃそうだ、と我に返った。そんな拮抗した展開ではなく、相手を圧倒して完膚なきまでに叩きのめし、余裕の表情で勝ち切りたい。指揮官としてはそれが当然の心情だ。

だが、あのラストスパートの昂揚感はちょっと特別で、なんとも形容しがたい。ほかの監督だって同じように最後に勝ちに行くゲームマネジメントをしているのに、高木監督の試合の閉め方には、勝っても負けてもどうしてこんなに揺さぶられるのだろう。それをずっと考えていた。

印象深い試合がいくつもある。最近の試合で言えば、2018年3月14日のルヴァンカップグループステージ第2節、V・ファーレン長崎対湘南ベルマーレの一戦。ハードワークを持ち味とするチーム同士のミラーゲームは、互いに1点ずつを取り合った後、激しい潰し合いにより硬質な展開となる。それぞれに何度か迎えた決定機は、相手の堅守に阻まれたりわずかに精度を欠いたりして、得点までには至らなかった。

1―1のスコアで迎えた88分。このまま終わるのか……という、少し弛緩した空気がスタジアムを覆いはじめていた矢先に、ゲームは動いた。

V・ファーレンに訪れたフリーキックのチャンス。ゴール正面やや左、距離は30メートルほどか。中村慶太が右足で放った弾道は美しい弧を描いて壁を越え、横っ跳びしたキーパーの指先と枠のわずかな隙間をすり抜けて、ゴール右隅へと吸い込まれた。その行方を確かめるような一瞬の静寂の後、トランスコスモススタジアム長崎は爆発的な歓声に揺れた。残り時間をきっちりと守りきって、中村のファインゴールは決勝弾となった。

V・ファーレンの、J1昇格後初の公式戦勝利だ。水曜の夜にスタジアムに駆けつけた3738人の観客が、クラブの歴史の目撃者となった。リーグ戦では勝てそうな雰囲気もありながらなかなか勝てずにもどかしい思いをしていた中で、カップ戦とはいえこの記念すべき白星は、チームにとってもサポーターにとっても、大きな意味を持つものだった。

しかし、それまではこの試合では、プレースキックはすべてボランチの中原彰吾が蹴っていたのだ。決勝点のシーンでも、セットしたボールの前には中原と中村が並び立っていた。先に動き出した中村はボールをまたぐのかと思ったが、そのまま右足を思い切り振り抜いた。相手の意表を突く狙いもあったのだろうが、それにしても、この展開のこのタイミングでこんな一発を決めてしまうとは。

指揮官には、何かが見えていたのだろうか。

中村にとってはシーズン初の先発だった。2017年シーズンはリーグ戦37試合に出場し、2列目からの鋭い飛び出しをストロングポイントに8得点を挙げてチームのJ1昇格を後押ししたが、いざJ1に上がった2018年シーズンは、怪我の影響もあり、またベン・ハロランや鈴木武蔵といった新戦力に押し出される形で、終盤になってようやくピッチに立つ試合が続いていた。

この日、3―4―2―1のシステムの中で与えられたポジションは、彼がこれまで主戦場としてきたシャドーではなく、あまり経験のない左ウイングバック。「90分間プレーするのは半年以上ぶりだったが、とにかく結果を出さなくては試合に出られないのでこだわってプレーした」と、ミラーゲームの要所となる位置で、カウンターの応酬の中、流れを引き寄せようと攻守にわたり献身的に長い距離を走った。

中村をウイングバックで起用した意図を、試合後、高木監督はこう明かした。

「決して思いつきではないんですが、実は、人選を変えたのはかなり急でした。彼をワイドでプレーさせたのは、そこでイニシアチブを取りたいという狙いからです。それと、ワイドはかなりしんどいポジションなのですが、彼もあまり出場時間が長くない中で、そこで出ることでゲーム体力をつけさせたいという思いもありました。慣れないポジションでしたが、彼なりによく頑張ってくれました」

だが82分、指揮官はそれまでシャドーで再三チャンスを演出していた名倉巧をベンチに下げ、左ウイングバックには香川勇気を入れて、中村を一列上げる。

「力を振り絞って、よりゴールに近いところでプレーして欲しかった。バテてもいいから、そのぶん他の選手にディフェンスをしてもらってでも、彼は前線に残そうと。彼のような選手はなかなかいないので、ちょっと思い切って上げてみました」

相手とガチガチにマッチアップするウイングバックで90分近く走り続けた後にかける期待にしては、あまりに大きい。その重さも十分にわかっている上で「力を振り絞って」と言うのだ。そして、前線の選手が献身的に守備に走ることを非常に重要視する高木監督が「そのぶん他の選手にディフェンスをしてもらってでも」とまで言って、託したタスクの意味。流れからの得点ではなかったものの、中村は、右足渾身の一閃で、見事に指揮官の期待に応えたのだった。

◆正直で誠実なヘビー級パワーワード

「彼のような選手はなかなかいないので」

会見で高木監督が発した、そのフレーズがずっと気になっていた。わたしが選手だったら、そんなことを監督に言われた日にはうれしさのあまり舞い上がり、いつも以上に頑張ってしまう。

「彼のような選手」とは、何を意味していたのか。

後日、インタビューの席であらためて訊ねると、高木監督はこう答えた。

「彼は、パワーがあってドリブルという特長がある。あとはシュートのタイミングが、他の選手とは違うものを持っている。パンチ力があって、クイックな部分もあって、スピードもある。相手が予想しづらいプレーをやっていくようなところもある。このような選手はなかなかいないですよ。そういう意味です」

説明されれば納得するばかりなのだが、会見の場では敢えてその意味を突っ込んで訊ねたいとは思わなかった。劇的な結末を導いたのは何よりも高木監督と中村の信頼関係だったし、それを表すにはあの一言で十分だったからだ。

高木監督の会見やインタビューでは、そんなパワーワードが必ず収穫できる。オリジナリティーの高い言い回しはエッジが効いていて、質量が半端ない。

試合後の記者会見は、実にさまざまな質問がぶつけられる場だ。特に負けが込んでいたりするときには会見場の空気が凍りつくような質問が飛ぶこともある。だが、どの指揮官もチームを率いて立つ人間だけあって懐が深く、辛抱強く丁寧に答えてくれる。なかなかクセの強い監督もいるが、独特の答え方をするにしても、真摯であることに変わりはない。

高木監督も、喋りのトーンは朴訥として言葉数は決して多くはないが、どんな問いかけにもきちんと答えてくれる人だ。大抵は伏し目がちに、感情を抑制した様子で言葉を紡ぎ出し、センテンスの終わりに目を上げて質問者の顔を見る。

ただ、準備不足だったり自ら考えることを放棄したりしている記者に対しては、いつも厳しかった。チームの置かれた状況を把握していなかったり、試合を丁寧に見ていなかったりすると、質問には丁寧に答えた後で静かに、仕事の質の向上を求める一言を添えたりする。その物静かな一撃は、身が引き締まるほど重い。だから記者も準備万端で挑む。これはちょっと無謀かな、と匙加減を測りながら突っ込んでいく。

そんな記者たちと高木監督のやりとりはいつも、まるで階級違いのボクサーの試合のようだ。全力のストレートを繰り出しにいっても、ヘビー級王者に一蹴される。中にはヘビー級がパンチを繰り出すまでもなく、ちょっと重心移動しただけで自ら吹っ飛んでいく軽量級もいる。ただし、それはヘビー級も本気で、真っ向から応えてくれているからこそだ。それはとても正直で誠実なコミュニケーションのあり方ではないか。

そういう繊細な空気感が、高木監督とのコミュニケーションにおいては、ことさら大きな要素を占めるように感じる。空気を測る目盛が細かい。質問の仕方ひとつで、力量や本気度を見極められてしまうような緊張感がある。ただ、それは決して嫌な種類のものではなく、全力で胸を借りるつもりでぶつかれば、空気が凍結するような事態にはならないのだった。きっと選手たちとはもっと密に、そういう関係を築いているのだろうと思われる。

いつだったか、記者仲間の一人が「〝大砲〟はいつもあんな感じだから、たまに冗談を言われても笑っていいのかどうか判断に困る」とボヤいたときには「確かに」と思わず噴き出してしまった。〝大砲〟とは高木監督の現役時代、日本代表で冠されたキャッチフレーズ「アジアの大砲」に由来するもので、わたしと彼の間ではいつも密かにそう呼んでいる。もっとも、アビスパ福岡を率いる井原正巳監督のことを〝壁〟と呼んだりはしないのだが。

◆ピッチ外の問題を払拭していった明るい力強さ

2017年春には、まさかその年の秋にV・ファーレンがJ1昇格するなどとは想像もしていなかった。

クラブは2017年1月期に1億2000万円の赤字を計上し、累積赤字約3億円となる経営危機が発覚。2月上旬にはリーグからの監査も受け、社長以下常勤役員全員が辞任してトップが総入れ替えされたかと思うと、資金不足にとどまらぬネガティブな情報もいくつか報道され、非常に厄介な事態となった。6月時点で債務超過を解消していなければ、リーグ規定によりJ3降格となる可能性もある。前シーズンは16位と奮わなかったが、その前のシーズンには2度目のJ1昇格プレーオフにも参戦する健闘を見せたチームが、ピッチ外の事情で一気に崖っぷちへと追い込まれた。

そのとき5億円超の出資をと名乗り出たのが、駅前留学のキャッチフレーズで英会話教室を全国展開しているNOVAホールディングスだ。同時に地元企業で筆頭株主の通信販売「ジャパネットたかた」ことジャパネットホールディングスも、完全子会社化しての全面支援へと手を挙げた。

当初、「ジャパネットとは目指す経営の考えに齟齬があり、リーグへの報告書の提出期限までに話し合う時間的な余裕がない」というクラブは3月10日午前、臨時取締役会を開催してNOVAからの支援を受けることを決め、記者会見でそれを発表する。だが、半日も経たずに方針は一転。その日の夕方にはNOVAに断りを入れ、地元長崎に根ざした〝県民クラブ〟としてのカラーを維持する方向で、ジャパネットにその身を委ねることとなった。

わずかな期間での激動に、関係者やサポーターも気が気でなかったことだろう。外から見ていてもこの騒動は、いろいろな憶測を誘うものだった。もともと複雑な歴史をたどってきたクラブでもある。運営をめぐって意見が割れることも多々あったはずだ。

ピッチ外でのゴタゴタはどのクラブにも起こりうることだが、かつてゴタゴタがあったシーズンに好成績を叩き出したチームは、ほぼ存在しない。高木監督にとっては、故郷のクラブがJ2へと昇格した2013年シーズンから率いて5年目の問題勃発だ。当時の心境を、のちにこう語っている。

「われわれにはわからない部分もあったので、不安な要素は選手たちからも出ましたけど、ただ、やる以上はとにかく、われわれのほうが引っ張っていけば、会社や県も何かしら動きがあるんじゃないかと思っていました」

不安のさなかで迎えた2月26日の開幕戦、ホームでザスパクサツ群馬に4―0で大勝。ピッチ外が激動した3月の4試合も、2勝1分1敗と勝ち越した。

そこからの、ホワイトナイト・髙田明社長登場。小さなカメラ店を一代で年商1700億円超の通販業界最大手企業にまで成長させた手腕とともに、あのテレビ通販でお馴染みの明るいキャラクターや甲高い声の特徴的なトークをサッカーの現場へとなだれ込ませ、V・ファーレン長崎を取り巻く空気感は、一気に好転した。

5月27日のJ2第16節、東京ヴェルディ戦を取材するためひさびさに訪れたトランスコスモススタジアム長崎の様子に、わたしは驚いた。ほんの2、3ヶ月前にゴタついた雰囲気は、ほぼ皆無だ。問題発覚から新体制に切り替わるまでの対応がスピーディーだったこともあるのかもしれないが、有事の際特有の殺伐感が、そこにはなかった。もちろん、ゴール裏に集う人々をはじめとするコア層のサポーターたちはいろいろと思うところもあっただろうし、経営体制が変わるたびに振り回される関係者も大変な思いをしたに違いないのだが、少なくとも試合中のスタジアムからは、そういう澱んだものは感じられなかった。

トランスコスモススタジアム長崎の記者席は、メインスタンドとの距離が近い。最前列に座ると目の前に観客の後頭部があるような状態で、スタンドの雰囲気がダイレクトに伝わってくる。父親に連れられた野球帽の少年も、レプリカユニフォームをおしゃれに着こなした年配の御婦人も、大声でチャントを歌いながらタオルマフラーを振る。明るく勢いのある『V－ROAD』のメロディーが作り上げていく、スタジアムの一体感。コーナーキックのチャンスになると、コールが沸き起こる。

「決・め・ろ！　決・め・ろ！　決・め・ろ！　決・め・ろ！」

ゲットゴール、とかではなく、無骨なまでにシンプルな「決めろ」コールが、むしろ力強い。さきほどの上品な御婦人もタオマフをブンブン振り回しながら声を張り上げている。チャンスには歓声が上がり、ピンチには悲鳴がほとばしるスタンドからは、ただ純粋にサッカー観戦を楽しんでいる汚れなき風が吹き上げてくるようだった。

◆繊細な舵取りで「ゼイワン」へと向かう

平戸訛り丸出しで「Ｊ１」を「ゼイワン」と発音する髙田明社長に催眠術でもかけられたのか、

2017年シーズンのV・ファーレンは開幕からペースを落とさずに勝ち点を積み上げ、J2上位をキープし続けた。第7節・松本山雅戦、第8節・アビスパ福岡戦、第9節・愛媛FC戦に3連敗したときも9位に踏みとどまり、第3節で徳島ヴォルティスに敗れたときの11位が年間最低順位だ。

町田ゼルビアとスコアレスで引き分けた第19節に4位だったのに、第20節で名古屋グランパスに0—2で敗れると一気に9位まで転落し、第21節でカマタマーレ讃岐に1—0で勝つとまた4位に浮上するという具合に、リーグ全体が大混戦だったのだが、第30節・京都サンガ戦を皮切りに、ツエーゲン金沢、徳島ヴォルティス、大分トリニータ、ジェフユナイテッド千葉に5連勝。トリニータに2—1で逆転勝利した第33節、V・ファーレンは自動昇格圏の2位へと順位を上げた。

そうなればもう、周囲が黙っていない。髙田社長以下フロントもサポーターも揃って「ゼイワン」を連呼した。煽ることでJ1昇格への機運をより高めたい。さらに勢いを増して、プレーオフを経ることなく自動昇格してしまいたい。

そんな高まりの中で高木監督は、細心の注意を払って手綱を調整しているように見えた。V・ファーレンは2013年と2015年に、いずれもリーグ6位でJ1昇格プレーオフに参戦し準決勝で敗退しているが、これほどまでに息詰まる昇格争いは未経験の選手も多い。緊張したりプレッシャーに歪められたりして、プレーに硬さが出る懸念もある。期待してるよ、昇格してね、そんな励ましの言葉さえ、重圧に感じかねない状況だ。

５連勝して迎えたアウェイ連戦。第35節・モンテディオ山形戦に０―０で引き分けて、順位は３位へと後退。続く第36節の町田ゼルビア戦にも１―１と勝ち点１止まりで、２位・アビスパ福岡との勝ち点差は３へと広がった。高木監督はモンテディオ戦後には「ツキがなかった」と分析しつつ、「相手のウィークポイントを突いたりわれわれのウィークをストロングに変えたり、個人の特長を生かせたゲーム内容をいろんな局面で見せてくれたので、内容に関しては満足している」とコメントする。ゼルビア戦後は相手の強さを受け入れた上で、「最後は僕が、代わった選手にもっと詳しく要求して送り出しておけばよかった」と自身のマネジメントを省みた。

混戦をきわめる昇格争いの中、この２戦では足踏みしたかのように見えたが、ホームに戻ってきた第37節のレノファ山口戦では、激しい風雨に苛まれながら逆転勝利。焦って攻め急ぐ選手たちを落ち着かせて修正した高木監督は試合後、「途中出場した選手を含めて、チーム全員で同じ方向に向かえていると感じた」と手応えをにじませた。前日開催の試合でアビスパがトリニータと引き分けていたため、２位との勝ち点差は１へと縮まる。

ホーム連戦の第38節・名古屋グランパス戦は、勝ち点２差で自動昇格枠を目指す３位と４位との対戦。４連勝中と勢いのあるグランパスが終始ボールをポゼッションしたが、ゲームを支配していたのは組織的な守備でそれを潰し続けたＶ・ファーレンだった。88分にＰＫを与え先制されたが、90分にクロスからファンマが頭で押し込み１―１のドローとする。この試合だけを見れば痛み分けという感じだったが、翌日、アビスパが２度のＰＫチャンスを失敗してジェフに敗れたため、V・ファーレンは勝ち点でアビスパに並んだ。

第39節はロアッソ熊本戦。19位で残留争い中の相手と、立場は正反対ながらクラブの命運を懸けての戦いだ。コイントスで風上のエンドを取ったV・ファーレンが前半に2点のリードを奪い、それを守りきって勝利すると、東京ヴェルディとスコアレスドローに終わったアビスパを抜いて、ついに2位へと返り咲いた。リーグ戦は残り3試合。なんとか3位以下を振り切って、プレーオフに回ることなくシーズンを終えたいところだ。

第40節の水戸ホーリーホック戦で、チームは徹底したホーリーホック対策を披露した。立ち上がりから前線へと長いボールを放り込み、相手のハイプレスを無効化。前半終了間際に先制すると、後半はブロックを築き隙なくゴール前を固めてホーリーホックの反撃を跳ね返し、後半アディショナルタイムにトドメのカウンターで追加点を挙げた。高木監督も「チーム全体がオーガナイズできて結果を出せた」と口にした、盤石な試合運びだった。

そしていよいよ第41節。V・ファーレンは11戦無敗状態で、運命のホーム最終戦を迎える。

◆5年目に置いたクラブ史のマイルストーン

14時キックオフの試合で4位・名古屋グランパスがジェフユナイテッド千葉に0―3で完敗。同時刻開催のアビスパ福岡は、松本山雅と1―1のドローに終わり、V・ファーレンは19時開始の試合に勝利すれば、自動昇格圏内の2位以上が確定するというシチュエーションになった。相手はカマタマーレ讃岐だ。試合前、ベンチにはメンバー外となった選手たち全員のユニフォームが並んで掛けられた。

ホーム最終戦での大一番、トランスコスモススタジアム長崎に詰め掛けた観客は、クラブ史上最多の2万2407人。その声援に後押しされるように、立ち上がりからホームチームがアグレッシブに攻めた。先制し、一度は追いつかれたが二つの追加点を重ね3—1で勝利。J1昇格決定だ。J2参入5年目にして到達した、クラブ史のマイルストーンだった。

最高の形でホーム最終戦セレモニーを終えたあと、高木監督は会見で選手たちを讃えた。試合に関しては「だいぶ時間も経っているので自分の中でも忘れているところがありますが」とセレモニーでの歓喜のほうが印象が強かったことを匂わせながら、3—4—2—1同士のミラーゲームでウイングバックを封じられてから、相手の絞りの甘かった逆サイドを突くように指示したことを明かした。相手のストロングポイントを消すことに長けたカマタマーレの北野誠監督がピンポイントでサイド攻撃を潰しにきたとき、次の一手に柔軟に対応できたのは、それだけチーム戦術が浸透し、選手たちに消化されていたからだろう。

ほんの9ケ月前には経営危機に陥っていたクラブの、まさかの大逆転ストーリー。それからは殺到する取材やイベントをこなしながら、J1のステージで戦う準備も進めなくてはならなかった。

新たに獲得した戦力は12名。まずは元オーストラリア代表ミッドフィルダーで、2014年ブラジルワールドカップでは背番号10を背負ったベン・ハロランの加入が発表される。韓国1部の蔚山現代からは188センチの大型ディフェンダーでリオ五輪出場経験を持つチェ・キュベックもやってきた。

話題性が最も大きかったのは、長崎出身で国見高校OBのディフェンダー・徳永悠平の、FC東京からの完全移籍だ。高木監督の後輩にあたる国見高校出身者ではほかにも、徳永の同級生ゴールキーパー・徳重健太をヴィッセル神戸から、やはり地元出身のディフェンダー・中村北斗をアビスパ福岡からと、経験値の高いメンバーを集めた。東海学園大卒ルーキーの本多琢人は国見高OBではないが、長崎の名門町クラブ・あぐり西町FCから長崎南山中・長崎南山高校で育ったディフェンダーだ。

ジャマイカ人の父と日本人の母を持ち、桐生第一高校時代に注目され年代別代表にも選ばれた長身フォワード・鈴木武蔵の名も目を惹いた。期限付き移籍で水戸ホーリーホックや松本山雅でもプレーし、山雅では3―4―2―1システムも経験している。2014年3月から翌シーズンにかけて在籍したミッドフィルダー・黒木聖仁のヴァンフォーレ甲府からの復帰も大きかった。コンサドーレ札幌アカデミーで育ち、タイリーグやガンバ大阪でもプレー経験がある中原彰吾、國學院久我山高校OBで専修大在学中にしてFC琉球でデビューした名倉巧、新里涼と米田隼也の順天堂大ミッドフィルダーコンビなど、若いメンバーも加入した。

チーム始動は1月8日。全クラブの中でもかなり早いほうだ。長崎のグラウンドで少し体を動かしたあと、沖縄の第1次キャンプで、高木監督はこれまでの3バックとは異なる4バックシステムでの戦術浸透に着手した。

ただこれは、新しいことにチャレンジしたというニュアンスではなく、3バックシステムで浸透させてきたこれまでの戦術を、J1でも通用するようアレンジしたオプション的なものだった。最大の理由は試合展開により交代カードを切ることなく変化をもたらすため。また、相手とのマッチアップにおいて、よりハイプレスをかけやすいポジショニングを取れるようにしたという理由もある。

鹿児島での第2次キャンプも経ながらプレシーズンに準備した4バックシステムにはある程度の手応えもあったようだが、リーグ戦開幕後、公式戦でそのフォーメーションを採用したことはまだない。ロシアワールドカップ開催による中断期間中に、さらに練度を高めるのか、あるいは3—4—2—1と3—5—2を使い分けて乗り切るのか、リーグ後半戦が楽しみなところだ。

◆データ分析がファンマとの出会いを導いた

スタープレーヤーを抱えることのできないほとんどの地方クラブがそうであるように、V・ファーレンもまた組織力で戦うチームだ。だが、2017年シーズン、J1昇格への道を最前線で力強く切り拓いていったのは、間違いなくファンマという絶対的存在だった。彼なくしてはその躍進は成し得なかったはずだ。

１９９０年、スペインはバレンシア生まれのフォワードで、ギリシャやスコットランドでのプレー経験も持つ。データの上では１８８センチ80キロとあるが、ぱっと見にはもっと巨大に見える。ランドマークタワーのようにそそり立つ姿は勇壮で、ドリブルやチェイシングは重戦車のようだが、足元は意外に細やかだった。

その体躯を生かし、布陣の頂点でターゲットとなってボールを収め時間を作ると、走り込んできた味方にフィニッシュを託す。サイドのスペースに流れてパスを受ければクロスを供給する側にもなる。もちろん、自らクロスやコーナーキックに飛び込めば、その迫力は圧巻だ。守備に対しても勤勉で、相手にプレッシャーをかけるときには二度、三度と追い、プレスバックする。ピンチになれば身を投げ出すことも厭わない。

相手にとって最も厄介だったのは、ファウルのもらい方が巧みなことだ。起点を作らせまいと強く当たりに行くと、上手く倒れてレフェリーに笛を吹かせる。こうして演出したセットプレーのチャンスは数知れず。ＰＫ獲得でも巧妙な立ち回りを見せた。

２０１７年シーズンが終わってみれば、ファンマ自身は11得点。チーム全体で挙げた59得点のうち、セットプレーからが25点、ＰＫからが7点。この数値からは、Ｖ・ファーレンがいかにしたたかに戦ってきたかが浮き彫りになる。そこにはいつもファンマがいたイメージだ。

相当なデータ魔として知られる高木監督は、Ｊ１昇格を目指すにあたり、過去の昇格チームのデータを仔細に分析していた。そこで見えてきたのは、昇格したほとんどのチームに、前線でボールを収めることのできる長身ストライカーがいたということ。アタッキングサードで長時間ボールを保持できればチャンスも数多く作れるのだが、その力量を持たないチームがそれをカバーするには、高さが必要となるのではないか。

その仮定を後押ししたのが、S級コーチライセンスのリフレッシュ研修の際に見せられた、ドイツのテクニカルチームによる分析資料だった。欧州選手権で集めたデータに基づいた講義を聞く中で、「これからは大柄なストライカーが必要とされる時代が来る」という結論が示され、やはりそうか、と高木監督は確信した。

それまでのV・ファーレンには、ターゲットマンとなれる長身フォワードがいなかった。最も近かったのが２０１３年から３シーズン在籍し、現在はツエーゲン金沢でプレーしている佐藤洸一だが、彼とてそういうスペシャリストではない。２０１６年シーズンに永井龍が在籍したときは、スペースへ流れるのが得意な永井の特長を生かして2トップの形を取ることも多かった。高木監督は「無理くり1トップで使って、ある程度は器用なこともやってくれたが」と彼らの仕事を評価しつつ、「いる選手を活性化させること、うまく使うことが、これまでの僕の役割だった」と振り返る。

その役割から一歩踏み出して出会ったのが、ファンマだった。

代理人に紹介され、まずは10試合以上の映像を見た。

「いろんな試合での彼を見ました。点を取った試合、全く取れてない試合、途中から出た試合、どうしようもない負け試合。いい状況でのプレーは誰だってわかるでしょ。ネガティブな状況になったときに彼がどういうプレーをしているかが、すごく見たかった」

その上でスペインまで足を運んだ。当時所属していたチームで、ファンマは4―3―3システムの1トップを務めていたという。そのプレーを現地で見て、高木監督は3つのポイントでファンマを評価した。

ひとつは、スペースに流れて受けるのが好きなタイプである点。二つ目はボール奪取や間合いの寄せ方に見られるディフェンス能力。三つ目はリスタートにおけるストーンやニアポストとしての仕事。

「外国籍選手は守備をしなかったりリスタートが甘かったりということがありがちなんですが、ファンマはそこに積極的な選手でした。海外経験も多かったし、実際に見に行っていろんなところでリンクするものがあったので、獲得を決めました」

こうしてJリーグでプレーすることになったファンマに対し、フィットさせるために指導したことはレフェリーのジャッジについて程度だったという。

「そこまで大きく注文をつけることはなかったですね。求めていることについてはいくつか話はしています。簡単に言えば起点になることと、攻守においてボールの動きに合わせて動きなおしのタイミングをしっかり作ってほしいということ。彼に対しては基本、放任主義で好きにやらせているんです。自分が言われないことに関して、責任を負わされているという感じもあると思うので。しっかりやってくれていると思います」

興味深いのはＪ１で戦っている２０１８年シーズンのデータだ。中断期間前の第15節までに

V・ファーレンが挙げた得点は21。チームのトップスコアラーは6得点の中村慶太で、それに続くのは5得点の鈴木武蔵だ。ファンマは2得点のみにとどまっており、逆にアシスト数を4と伸ばしている。２０１７年シーズンのアシストランキングで上位に並んだのはボランチの島田譲、シャドーの澤田崇、両ウイングバックの飯尾竜太朗と翁長聖だった。また、２０１８年シーズン前半の得点内訳はクロスからが最も多く8で、前シーズンの得点の４割超を占めたセットプレーからは4得点となっている。これらの変化を踏まえると、Ｖ・ファーレンのＪ１での戦い方が見えてくるようだ。

◆〝アジアの大砲〟と呼ばれるまで

布陣の頂点にターゲットマンを置く戦い方からは、どうしても高木監督の現役時代を思い起こしてしまうのだが、実際には自身の過去の姿を選手に重ねることは全くないのだという。せいぜい、トレーニングの中で守備陣に「お前らが来ても全然平気だ」などと言ったりする程度らしい。

Ｊリーグ創世記、サンフレッチェ広島のエースストライカーであり、日本を代表する〝アジアの大砲〟であった頃の活躍はいまも語り継がれる。ハンス・オフト監督の率いる日本代表では2大会連続ワールドカップアジア予選に招集され、自身は出場こそしなかったが〝ドーハの悲劇〟を目の当たりにし、〝ジョホールバルの歓喜〟へとつながる道を切りひらいた。大柄な体で相手守備陣を圧倒しながら、アーリー気味のクロスを胸トラップしてからシュートをゴールへと叩き込むまでのしなやかな迫力には、花束で人を殴るような華やかさがあった。

意外なことに、中学時代までは無名の存在だったという。小学生の頃は野球少年だった。現在は合併されて南島原市となったが、島原半島南部に位置する南高来郡北有馬町が、高木監督のふるさとだ。

町立中学のサッカー部時代も「特別上手かったわけではない」と、当時を知る人たちは証言する。その才能を見出したのは、当時は島原商業高校のサッカー部を指導していた小嶺忠敏監督だった。2年後に国見高校に異動することが内々で決まっていた小嶺氏は、フィジカルに恵まれた中学3年生に目をつけてスカウトする。自身の異動に先駆けて国見高校へと進学させると、2年目から指導にあたった。いわば高木監督は〝第1号小嶺チルドレン〟だったわけだ。翌年にはキャプテンとしてチームを率いインターハイ初出場を遂げるとともに、国体サッカー少年男子の部では長崎県選抜チームを準優勝に導き、自身は得点王に輝いて、大器の片鱗を現しはじめた。

その後まもなく全国を席巻するようになる国見高校のスタイルこそが〝大砲〟の原点となったと言っていい。長身ターゲットマンに向けて長いボールを入れる戦法は、ともすれば蹴って走るだけの面白みのない〝放り込みサッカー〟と揶揄されもしたが、のちに高木監督は「何かひとつを絶対的なものだと決めた上で、それと比べて批判するのはサッカーにおいてはナンセンス」と前置きした上でこう語った。

「どんなスタイルでもそれぞれにストロングとウィークがあって、ここがよくてここがダメだよねという討論をしたほうが建設的ですよね。あの頃の国見サッカーにしたって、あれだけ走れてあれだけ質の高いキックでボールを入れることができて、セカンドボールを拾えて連続性があって。だったらそれもあっていいんじゃないかなと僕は思います」

ただ、そういうことを考えるようになったのは、ずっと後になってからだったようだ。

「正直言うと僕は高校時代、自分がどういうことをやっていたのかよくわからないんです。当時はインターネットもないし、テレビでサッカーの試合を中継しているわけでもない。スポーツ新聞や雑誌がいっぱいあったわけでもない。だから情報も知識もない。そしたら小嶺先生がやってることとイコールサッカーでしょ。サッカーってこういうものだと思ってやっていた」

国見高校を卒業して進んだ大阪商業大学では上田亮三郎監督に師事し、プロになってからは同郷の先輩である小林伸二氏にも指導を受け、スチュワート・バクスター監督、ビム・ヤンセン監督らの下でプレーする中で、〝大砲〟は徐々にそのストライカーとしてのありようを形成していく。

「いろんな人の指導を通じて、経験を積んでいく中で『あ、こういうことだったんだな』とわかったことをピッチ上で表現できるようになったとき、自分で考えてプレーするようになったんです。相手との駆け引き、受けるタイミング、走るコース、フィニッシュへのゴールエリアの中。自分が置かれている立ち位置の中で、考えられるようになった」

2010年、高木監督がロアッソ熊本を率いた1年目の夏に、国見高校後援会の会報誌の仕事でインタビューさせてもらったことがある。すでに8年前になった現在も、読み返すその言葉たちは色褪せない。その中で、高校時代に受けた指導を振り返る一節があった。

「小嶺先生はとにかくやらせる人だった。それがよかったんだと思います。喩え話で言うと、キャンプに行ったとして、そこで食べるものを小嶺先生は『お金渡すから好きなもの買ってこい』と言う。何でも細かく教える先生だと、これを作る材料はこれとこれで分量はこのくらいで、となるんだろうけど、僕らはお金をもらった中で、2日分だったら2日分のメニューを考えていた。もちろん教えてもらったこともたくさんあるけど、教わらなかったからこそ自分で考えようとしたのかなと思います」

インタビューの中の「いま求められる選手」というざっくりとしたテーマに対して高木監督は、90分の間に刻々と変化していくサッカーの局面においては、そのときどきに応じたプレーをするための状況判断が必要だと答えた。そのために大事なのは、いま自分に何が足りないかという自己および現状の分析だと説く。トレーニングメニューを細かくアレンジする中で、その意図までは選手たちに伝えないことも、自発的に考えさせる状況の演出なのだろう。

◆ワイドのプレーヤーを1トップで起用

強烈に印象に残っているもうひとつの試合が、２０１７年Ｊ２第16節、Ｖ・ファーレン長崎対東京ヴェルディの一戦だ。

第13節のジェフユナイテッド千葉戦で5失点を喫し、第14節の大分トリニータ戦は２―１と普通のスコアで勝利したが、続く第15節はＦＣ岐阜と４―４で引き分け。それぞれのチームスタイルによるところの大きいスコアではあったが、このときのＶ・ファーレンは、直近３試合で10失点という課題を擁していた。

そういう状況でホームに迎えるヴェルディは、ドウグラス・ヴィエイラとアラン・ピニェイロという２人のブラジル人を前線に並べ、その周囲に高木善朗や安西幸輝、安在和樹といった勢いのある若手を散りばめて、高い攻撃力を誇るチームだ。この試合ではブラジリアン・コンビと高木を３トップの形で並べ、〝ダブル・アンザイ〟を両ワイドに張らせた３―４―３システムで臨んできた。

その攻撃に対応しようとＶ・ファーレンは序盤から守備的な姿勢で臨み、自陣深くにブロックを築いて慎重にスペースを消す。相手にボールを持たせながら要所をケアして危険なエリアには進入させず、逆に狙いを定めてボールを奪うとサイドに展開しチャンスを築いた。その目論見どおりに29分、V・ファーレンが先制点を奪う。

追う立場になったヴェルディはギアを上げて多彩な攻撃を繰り出すが、V・ファーレンは体を張ってそれをしのぐ。だが、後半になるとさらにテンポアップしたヴェルディの勢いを受けてプレッシングが弱まり、一方的に攻め立てられた。立て続けのコーナーキックや再三のシュートに瀬戸際まで食いついて守り続けていると、終盤、ヴェルディはドウグラス・ヴィエイラにボールを集めてパワープレーに打って出る。そうなると、V・ファーレンの防戦も紙一重という雰囲気になってきた。

リードはわずか1点。焦る相手に対し、セカンドボールは拾えていたが、押し込まれているあまり、前に出て行く力がない。

ヴェルディが83分に3枚目のカードを切って最後の猛攻に出ると、V・ファーレンも動いた。高木監督の最後のチョイスは、試合途中から1トップに入っていた木村に代えて、ミッドフィルダー・古部健太。どこに入れるのだろうと見守っていると、ピッチに出た古部はそのまま、布陣の頂点へと収まった。

これには思わず、え、と声が出た。ベンチにはまだ、前線を本職とするメンバーが控えている。にも関わらず、ウイングバックや最終ラインのサイドを主戦場とする古部を、これまで経験したことのない1トップで起用するとは。

意図としては、オールプレスをかけることによって、少しでも相手をゴールから遠ざけたいということだった。そのために、走力のある古部にファーストディフェンスを託したということなのだろう。古部はそのミッションを勤勉に遂行して球際へのアプローチを繰り返し、V・ファーレンはついに6分のアディショナルタイムを乗り切って、虎の子の1点を死守したのだ。

◆〝戦術・古部〟の裏にあったもの

終わってみれば前半は7本ずつのシュート数が、後半はV・ファーレンの1本に対しヴェルディは12本。60％を超えるボール支配率を明け渡しながら、4試合ぶりに無失点勝利を遂げた形だ。

試合後の記者会見で高木監督は、相手のポゼッション率が高まった20分過ぎからの守備を「非常によくなって、そこからアグレッシブに攻めることができた。後半もヴェルディのパワープレーに対してよく体を張りカバーリングもできていた」と評価した。

「本来であれば2点目、3点目を取りにいければいいのですが、今日のゲームに関しては、1点で十分とは言わないが、1点しか取れなかったことが逆に、選手たちの集中度を高めることになったのかなと思います」

それまでのヴェルディをスカウティングした上で準備した対策がハマったのは、後半の途中までだった。ヴェルディがパワープレーに出てきたことは、高木監督にとっては想定外だったようだ。のちに2017年J2での戦いを振り返ったとき、高木監督は「ロティーナ監督は読みづらかった」と、スペイン生まれの知将の名を挙げた。

「多分、前節のわれわれの姿を見て、本来であればアラン・ピニェイロやドウグラス・ヴィエイラは交代してベンチに下がっている時間帯になっても、彼らをそこに残したままパワープレーに出てきたのでしょう。ヴェルディさんが、パワープレーではなく全部足元でつないできたら、われわれのほうが追加点を取れるチャンスは絶対にあったと思います」

逆に言えば、高いテクニックに裏打ちされたリーグ屈指の攻撃力を誇るヴェルディが力技に頼らなくてはならなくなるほど、事前の対策が的確だったということになる。

「でも、僕がやりたいのはこういうことではない。今日は相手に19本のシュートを打たれてもしのげたけど、次にまたできるかと言ったら、確率論の問題でもある。できるだけシュートを打たせず、打たせるとしてもできるだけ遠いところから打たせたい。今日は19本打たれたシュートを15本にしましょう、10本にしましょうと。そしてわれわれはシュートを増やし、1点じゃなくて2点、3点取りましょうと。それを徐々にでもやっていこうと、つねに思っています」

ヴェルディのパワープレーによって終盤はほとんど防戦一方となったゲームの中で、最後に古部をオールプレスのファーストディフェンダーとして1トップで起用したことについては、こう説明してくれた。

「彼はゴールキーパーとボランチ以外は、ほとんどのポジションをやれると思う。攻撃できるかと言われればなかなか難しいですけど、守備に関してはできるんです。19本もシュートを打たれるようなゲームになってしまって、今日、あの状況ではあの選択肢しかなかった。疲れている中盤の間に入ってアプローチをしていくのが彼の役割でした」

古部は立命館大学を卒業した2008年に横浜F・マリノスでプロとなったものの、出番のないまま翌春、当時は北信越リーグで戦っていたツエーゲン金沢に移籍してJFL昇格に貢献。2012年にV・ファーレンにやってきてJ2昇格を後押しすると、2016年、J1に昇格したアビスパ福岡に引き抜かれたが、1年で再びV・ファーレンに復帰していた。

特別高い技術を持っているわけではないが、ひたすら献身的によく走る。スプリント回数の多さに象徴されるように走力を求められる高木監督のサッカーのコンセプトに、よくマッチしていた。

「古部の謳い文句は走れるということなので」

と、あの日のヴェルディ戦を振り返る中で、高木監督は言った。

「だんだん走れなくなりましたけどね。年齢と、怪我による練習不足で。あの年齢になって試合に出なくなると厳しいです。落ちてくるので」

都合4シーズンをともに戦い、2017年かぎりで契約満了となってモンテディオ山形に移籍した古部のことを語る口調が、少し切なかった。高木監督自身も現役時代、1998年にヴェルディ川崎に移籍してからは怪我に悩まされ、次第に活躍の機会を減らしていった過去を持つ。サンフレッチェ広島時代にはアキレス腱断裂に端を発する度重なる怪我も乗り越えたが、やはり年齢と怪我の影響もあったのだろう。2000年に岡田武史監督の率いるコンサドーレ札幌で17試合に出場してJ2優勝を支えたが、自身は初めてリーグ戦ノーゴールに終わり、そのシーズンかぎりで現役生活に幕を下ろした。２０１８年、昇格メンバーの一員でありながら、ともにＪ１で戦うことのなかった古部に、自身の経験を重ねたりもしたのだろうか、と思ったりもする。

◆前半終了間際の選手交代とコイントスと

高木監督にはときどき、前半終了間際の選手交代でも驚かされた。

大抵の指揮官は、前半の内容に修正すべき点があったとしても前半終了までは耐え、そこを乗り切ってからハーフタイムに落ち着いて修正する。必要に応じて選手交代やシステム変更などの策を施し、仕切り直して後半に入るのが一般的だ。

だが高木監督は、あと数分でハーフタイムという時間帯に選手交代を行うことがあった。２０１７年Ｊ２では、怪我などのアクシデントによる交代を除けば2試合ある。

第25節、アウェイでのファジアーノ岡山戦では、43分に左ウイングバックのディフェンダー・福田健介を下げ、フォワード・木村裕を投入する。木村はシャドーに入り、それまでシャドーでプレーしていたミッドフィルダー・中村慶太を左ウイングバックへと移した。この采配について、高木監督は試合後にこう説明した。

「ビハインドとなり福田の良さが出せない状況になったので、そこを（中村）慶太にしてキム

（木村）を使ったということです。本来、ビハインドじゃなくてリードしている状況であれば、福田のプレーも非常に効果的ではあるんですけど、ビハインドになった時点で、どうしても相手陣地に走っていってそこでプレーしなくてはならなくなる。それでなかなか上手く行かなくなったので、そのタイミングで代えてみました」

ファジアーノもV・ファーレンと同じ3―4―2―1システムを採用している。ミラーゲームの鍵を握るサイドの攻防において、ファジアーノの右ウイングバック・澤口雅彦に対し、攻撃的な翁長聖ではなく守備力の高い福田をぶつけたということなのだろう。澤口の前後には、シャドーに細やかなプレーを得意とする伊藤大介、右センターバックに本職はフォワードで強靭なフィジカルを持つ片山瑛一が並んでおり、コンビネーションを駆使して力強く攻めてくる。それを抑える狙いだったのだが、早々の9分、その逆サイドから突破を許し、低い弾道のミドルシュートをゴール左隅に突き刺されて失点してしまった。さらに13分にも、伊藤のフリーキックがファーサイドに流れたところを大外から走り込んだ竹田忠嗣に押し込まれて2失点目。そうなるとV・ファーレンとしては攻めるしかなくなる。前半のうちに攻撃的布陣にシフトし、ファンマを軸に機動力を生かしてクロスやコーナーキックから何度も決定機を作ったが、リードしても攻勢を緩めないファジアーノとの攻め合いの末に、結局、2―0のまま敗れた。

２０１７年シーズン通算の時間帯別得失点データを見ると、ファジアーノは前後半の終了間際に失点する割合が、他クラブとの比較の中でも高いほうだ。組織的な堅守により、立ち上がりから15分までの失点は42試合を通じても皆無。16分から30分も4失点とリーグトップタイの少なさだが、31分から前半終了までは13失点で下から2番目に並ぶ。同じく後半も、46分から75分までの失点は少ないが、76分から試合終了までは19失点で、これもワースト2位だ。対するV・ファーレンの前半終了間際15分の得点数は12で、リーグ5位。試合終了までの15分は18得点でリーグ4位タイ。後半立ち上がりから15分も11得点と、悪くはない成績だ。

このファジアーノ戦での43分の交代が、それを踏まえてのものだったかどうか。

ちなみに、この一戦を前にしてファジアーノは10戦負けなし。好調を維持する相手になんとか勝利しようと、高木監督は別のポイントでもデータ魔の本領を発揮していた。それはエンドを変えてのスタートだった。コアサポーターの陣取る位置のせいなのか、スタンドの形状や声援の反響の仕方のせいなのか、シティライトスタジアムは独特な雰囲気を醸し出す。

「このスタジアムのやりづらさについてはミーティングで選手に伝えていたのですが、やはり非常にやりづらい。今日は上手くコイントスで勝ってエンドを変えることができました。岡山さんは前半、自陣のボールサイドで攻めるときは確か点が取れていないというデータもあったので。そういうことも含め、いろんな手を使って勝とうとしたんですけど、逆に点を取られて自分のプランとは異なる展開になってしまいました」

まんまとコートチェンジし、前半を無失点で乗り切って、後半勝負に出る算段だったのだろう。それが崩れたということだったのだが、会見の最後に高木監督は言い添えた。

「だからと言ってそこですべてが終わったとは思わなかった。なぜなら、選手たちが非常に前向きにプレーしていたことが良かったからです」

◆相手の奇襲を覆す力技に至るまで

2017年シーズンにもう一試合あった前半終了間際の選手交代は、第33節、これもアウェイでの大分トリニータ戦だった。

この試合ではトリニータの片野坂知宏監督が、細部での奇襲を仕掛けた。片野坂監督はサンフレッチェ広島でのコーチ時代にミハイロ・ペトロヴィッチ監督の薫陶を受け、その独特の可変システムによる攻撃サッカーをベースにして自己流のスタイルを築いている。やはりペトロヴィッチ監督のサッカーを研究し、影響を受けているという高木監督は、その特徴を深いレベルまで把握しているはずだ。その裏をかくつもりだったのか、単にボールの動かし方に新たなオプションをもたらしただけだったのかはわからないが、片野坂監督はミラーゲームとなるV・ファーレン戦に臨むにあたり、密かに戦術にアレンジを施していた。

片野坂監督は通常、ビルドアップの際にシャドーがボールを受けに下がるのを嫌う。1トップとの距離が開いてコンビネーションのスピーディーさが損なわれることを防ぐために、前線3枚の距離感を近く保つよう、つねづね言い続けてきた。だが、対戦相手はシャドーに縦パスが入るのがトリニータの攻撃のスイッチだと知っているので、そこにボールが入った瞬間を狙って激しく球際へと潰しにくる。

そこで取り入れた次の一手が、後ろからボールが出てくる瞬間に、シャドーが素早く受けにいくことで、球際に寄せてくる相手のプレッシャーを回避することだった。とても細かいことのようだが、このわずかなポジショニングの変化によって、V・ファーレンのプレスがかからなくなる。

加えてこの試合でトリニータのボランチに配置された川西翔太が、絶えず動きながら絶妙な位置取りで数的優位を演出し続けたことで、V・ファーレンの中盤は完全に後手に回った。それまでのトリニータをしっかりスカウティングしていたからこそ、前の試合までボランチで出場していた小手川宏基とは全く異なる川西の独特な動きに翻弄された形だ。17分にはPKを献上し、先制点も奪われる。これは対策しなくてはならないと、高木監督はすぐにハイプレスの矛を収め、リトリートして状況を落ち着かせた。

相手に主導権を握られた前半に関して、高木監督は試合後にこう振り返った。

「トリニータさんはここ数試合、ほぼほぼ相手にプレッシングされて良いリズムを作れずにいました。そこでわれわれも多少そういうところを狙いには行ったのですが、思ったより人の出入りが多かった。特に大分のシャドーの2人がファジーなところにポジションを取ることで、何度か縦パスが入り、このあたりは非常に練習されていることが感じられるシーンでした。さらに、ここ数試合は関わっていなかった川西選手が今日はひさしぶりに出場していたことも誤算で、彼がファジーなポジションを取るところに対して、ちょっと行きすぎてしまった。そこで一旦戻ろうということで待避しました」

その流れの中での、44分の選手交代だった。より攻撃的な狙いでボランチに起用した養父雄仁を下げ前田悠佑を投入すると、大分の中盤に対するケアと守備のオーガナイズを託す。これによってボランチ脇のスペースのケアやトリニータの選手へのマークが改善されると、後半開始早々の48分、澤田崇のクロスをファンマが右足で押し込んでスコアを振り出しに戻した。

その後もブロックを築いてトリニータの攻撃を潰しながら徐々に守備の積極性を増し、V・ファーレンが流れを引き寄せた。互いにフィニッシュの精度を欠いてなかなか追加点を奪えなかったが、ついに86分、ファンマがこの日の2点目を奪う。中村慶太の右からのクロスに覆いかぶさるように飛び込んだ巨体は、マークについていたトリニータのディフェンダー・竹内彬を体当たりで吹っ飛ばしながら、大きな頭でボールをゴールに押し込んだ。

日本の夏の気候の影響もあってコンディションを崩していたファンマは、長らくゴールから遠ざかっていた。8月に加入したストライカー・平松宗が好調なこともあり、先発からも外れていたのだが、5試合ぶりにスタートから出場して2得点の復活劇を演じてみせた。

実はファンマが調子を落とす前に、最後に得点したのは第14節、ホームでのトリニータ戦だった。トリニータに対するいいイメージが残っていることに期待したのかどうか、指揮官の起用はピンポイントで当たった。この先、2ヶ月あまり続いていくJ1昇格争いにおいて、必ずキーマンとなるであろうスペイン人ストライカーの復調はあまりに大きい。見事なチームマネジメントと言うほかなかった。

◆監督デビューのシーズンにもJ1昇格を達成

逆転勝利を収めた大分トリニータ戦の44分の選手交代について、高木監督は試合後の記者会見でこう答えている。

「前田には、相手をつかまえる位置とディフェンスのオーガナイズを伝えました。もちろん後半でも良かったんですが、これはいままで自分がやってきた中での勘で、前半はあと2分、3分くらいという時間だったと思いますが、交代によってポジショニングの修正を入れ、後半に向けての風を入れたかった」

そう説明されても、その「勘」って何ですか、と興味はつのるばかりだ。

あの試合から半年が過ぎた頃、それを訊ねる機会に恵まれた。すでに2018年J1での厳しい戦いの渦中にあった高木監督の中で、トリニータ戦の記憶が浮上してくるには少しの間が必要だったが、すぐに糸口をつかむと、記者会見のときよりも噛み砕いた形で教えてくれた。

「あのときは自分でも思いました、前半残り3分くらいだと。でも、ここで代えておかないとちょっとダメだなと思ったんです。ひょっとしたらこのままだとやられちゃう可能性があると。鉄は熱いうちに打てっていうじゃないですか。〝いま〟必要なんですよ。そこには残り時間なんて関係ない。相手のポイントはここだというところを、まず抑えないといけない。代えた選手はそこを抑えてくれるので、流れは変わると思いました。厳しい見方をすると、今日はお前ダメだったねという交代もあったんですけど」

「それで、〝勘〟っていうのは何なんですか」

わたしが核心に迫ると、高木監督はちょっと笑って言葉を選び直した。

「前半終了間際に交代したことについて、僕はあのとき、後半に向けて新しい風を入れたかったと言った。勘というか、そういう次元のものではなくて、要するに経験ですかね。自分がここまでやってきた中で、あ、しくじったな、やられたな、ああしておけばよかったなという失敗を重ねた経験が、そういうものにつながっていく。『いままではこうだったけど、こうしたほうがいいな』というものを生み出してくる。経験のない人が勘だからと言って何かやれるということはないですよね。データが蓄積しているということが経験だと思う。それしかない。あとは勇気」

高木監督の指揮官としてのキャリアは、イレギュラーな形でスタートした。現役引退後は解説者としてサッカーに関わり、２００５年にS級ライセンスを取得して、その翌年に横浜FCのコーチに就任したのが、指導者としての第一歩だ。その第一歩を踏み出したわずか1ヶ月後、開幕戦を終えた時点で、当時の足達勇輔監督が解任されてしまう。S級ライセンス保持者ということで自動的に監督へと昇格し、指導経験がほぼ皆無のまま、テクニカルエリアに立つことになった。

現役時代の先輩であり日本を代表するスーパースター・三浦知良氏が選手兼任の監督補佐を

務めていたのも、はたから見ると難しそうなシチュエーションだった。さらにこの就任に反発した横浜FCのサポーターからは、初陣となったホームゲームで応援を拒否されるという憂き目にまで遭う。

それでも堅守をベースに、チームは無敗街道を走りはじめる。第1クールから順調に上位をキープすると第43節には首位に。11月26日に行われた第51節で4位・サガン鳥栖を下し、2位・ヴィッセル神戸のドローと3位・柏レイソルの敗戦をもって、J1昇格を決めた。

いま振り返ってみればこの試合もある意味、高木監督らしい一戦だ。雨の中、守護神・菅野孝憲のファインセーブにも助けられながら好守で相手の攻撃を跳ね返し続け、68分に切札のブラジル人ストライカー・アレモンを投入すると、そのアレモンが77分、ロングボールを競った城彰二の落としに反応してループシュートを放ち先制。パワープレーで追いつこうとする相手を退けて、ウノゼロで勝利を遂げている。

就任時にはサポーターの猛反発を食らった新人指揮官が、1年目にして成し遂げたクラブ初のJ1昇格。このとき築いた15戦負けなしは、Jリーグの新監督就任後最長無敗記録となり、現在も破られていない。連続完封7試合、連続無失点時間770分という記録も打ち立て、イタリアの堅守の愛称をもじって「ハマナチオ」と呼ばれた。

このシーズンのイメージが強いのか、いまも高木監督のサッカーを「守備的」とレッテル貼りする向きは多い。そこに違和感も覚えつつ、確かにオーガナイズされた守備構築は際立っていると思う。

◆遂げてもらいたい二つのリベンジ

高木琢也という指揮官に寄り添ってみたときに、そのキャリアの中で二つ、雪辱を遂げてもらいたい過去があった。2007年と2009年の出来事だ。

2007年シーズン、横浜FCは奥大介や久保竜彦といった期待の新戦力を補強してJ1のステージへと華々しく乗り込んだが、前年とは一転、苦しいシーズンとなる。負傷者が相次いだこともあり、他チームとの戦力差は歴然として、確かに築いていたはずのハマナチオは機能せず。大量失点試合を続けて最下位に低迷すると、高木監督は8月27日に任を解かれた。

その過去があるだけに、2018年シーズン、V・ファーレンを率いて再びJ1で勝負することになったときには、必ずリベンジしてもらいたいと思っていた。11年前を振り返って、高木監督は言う。

「横浜のときは僕も初めてだったし、監督としての期間も浅かった。それであああいう結果があった中で、正直、相手との対峙において、自分があのチームをものさしで測れていたかというと、そうではなかったなと思います。ものさしのさし方さえわからなかった感があった」

「それは、力関係的なものですか」

「そう。こうなるとこうなる、ああなるとああなるといった、そういうものが、まだ僕の中では理解しきれていない状況だったと思う。自分が立ち上げから手塩にかけたチームでもなかったし。でも、いまのチームは自分がある程度やってきた中で作り上げてきたチームなので、起きた現象すべてに対して『あ、やっぱりこうだったか』とか『こういうふうにできたな』といったふうに、ロジックで説明できるものがある。そこが全然違いますね。ということは、気構えが違うということ」

過去についての思索と現在地の確認を往き来しながら、指揮官は確信に満ちた表情を見せた。その話をしたのが3月24日で、リーグ戦は第4節を終えたところ。内容的には悪くないゲームを展開しながら、幸先よく先制したりもするのだが、そこからギアを上げてきた相手に個の力量差で屈してしまう。そうやって勝ち切れずに2分2敗という状況だった。

「苦しいと言えば苦しいけど、まだまだ力がないんだなと思っています。チームとしての力も、自分の力も。これも選手に言ったんだけど、勝てそうで勝てなくて『もうちょっとなのにな』という気持ちが、多分あると思う。だけど、結果が出ていない以上は、それはないんです。そういうふうに思ってしまうと、『やれてるのにここだけなんだよな』という思考になってしまう。でもそうじゃなくて『やれてないから負けている』んです」

2009年シーズンは、東京ヴェルディを率いた。前年に柱谷哲二監督の下でコーチを務めたが、J2降格にともなって柱谷監督の後を受け監督に就任。1年でのJ1復帰を期して臨んだが、サイバーエージェントのユニフォーム胸スポンサー撤退に続き9月には日本テレビが経営から手を引くなどして、設立40周年を迎えたクラブは存続の危機に大きく揺れる。当然、十分な戦力を揃えることは難しい。踏ん張って6連勝した時期もあったが、徐々に順位が下がると、天皇杯でもJFLのホンダロックSCに敗れ、高木監督は10月に解任された。

2017年シーズンの開幕直前、V・ファーレンの一連のゴタゴタが明るみに出たときに、このときのことが頭をよぎったのは言うまでもない。だが、V・ファーレンは高田新社長による素早い切り替えにも後押しされながら、見事にその危機を乗り越え、J1昇格を果たした。ひとつ、リベンジは果たしたと思った。

2018年、J1リーグ戦での初勝利は第7節の清水エスパルス戦。23分に鈴木武蔵が挙げた1点を守りきって歴史的勝利をものにすると、第8節のガンバ大阪戦は3―0でJ1ホーム初勝利。さらに第9節・柏レイソル戦、第10節・ジュビロ磐田戦にも勝利して、あれほど苦しんだのが嘘のように4連勝を遂げた。

その後はまた複数失点が続き、戦術の狙いがハマった名古屋グランパス戦に3―0で勝利したのを除くと、そうそうたるJ1の強豪たちにねじ伏せられる。第15節の横浜F・マリノス戦では先制したにもかかわらず、60分以降に立て続けに失点すると5―2の大差で敗れ、そのままロシアワールドカップによる中断期間を迎えた。

リーグ後半戦に向けて、高木監督がどのような準備をしてくるのかが待たれる状態だ。J1残留を果たし、過去との違いを見せてもらいたいと願う。

◆戦力のやりくりに腐心する過密日程での連戦

時間帯別得失点のデータが示すように、前後半の立ち上がりと終了間際は、サッカーにおいて重要な時間帯だ。高木監督は特にそれを明言している指揮官のひとりで、それはＪ１での戦いの中で、さらにクローズアップされることになった。リードしているときの逃げ切り方、ビハインドになっているときの追い上げ方。それぞれの状況で詰めにかかるとき、やはり戦力の潤沢なチームは、切札の強度が高い。

ルヴァンカップグループステージ第４節・ヴィッセル神戸戦も、その象徴的な一戦だった。ともに勝ち点７でＤグループ首位に並ぶ同士の対戦で、勝利すればどちらもグループステージ突破を決める可能性がある状況でのマッチアップだ。

立ち上がりこそヴィッセルが勢いを見せたが、徐々にＶ・ファーレンが球際の強さや切り替えの早さで上回ってペースをつかむと、小気味よく攻撃を繰り出して22分にファンマが先制点を奪う。その後もハイプレスでヴィッセルの攻撃を抑制しながら追加点を狙うが、精度不足で決定機をものにできない。

後半になるとヴィッセルが息を吹き返したようにアグレッシブさを取り戻した。吉田孝行監督は55分、後ろからなかなかボールが出てこず長所を発揮できずにいたハーフナーマイクを増山朝陽に代えて前線の活動量を増すと、さらに65分、左サイドハーフの中坂勇哉を下げてセンターバック・北本久仁衛を投入。右サイドバックの小川慶治朗を一列上げるとともに、それまでセンターにいた那須大亮を右サイドバックへとスライドして攻撃力を高めると、早速その2分後、那須からのクロスにウェリントンが頭で合わせてヴィッセルが追いついた。

高木監督もベンチワークを駆使して流れを引き戻そうとするが、クラブ初のJ1リーグ戦とカップ戦の連戦で、戦力のやりくりに苦心していることは傍目にも明らかだった。71分、疲労したファンマを平松宗に代えて前線の鮮度を保ち、79分には怪我明けの司令塔・幸野志有人を下げて前田悠佑にオーガナイズを託す。同点のまま迎えた89分にコーナーキックのチャンスを迎えると、香川勇気に代え、東海学園大学在学中で特別指定選手の長身ディフェンダー・鹿山拓真を入れてパワープレーで勝ちに行くが、キックは相手守護神にキャッチされた。右ウイングバックを務めていた米田隼也が香川に代わってボランチに入り、鹿山は慣れない右ウイングバックに入ったが、ドローで終わるかに思われた95分、その鹿山が相手を止めようとファウルを犯して与えたフリーキックから、ヴィッセルに劇的決勝弾を許してしまった。

2枚しかカードを切らずに戦況を逆転させた吉田監督の采配は見事と賞賛するほかなかったが、それを差し引いても、途中出場したプレーヤーの経験値や力量の差を考えると、やはりヴィッセルが優位だったかなと思う。

試合後の会見で、高木監督は戦術面とメンタル面においての課題を分析したあと、こう話した。

「リーグ戦で鳥栖さんとここで戦ったときも0―2から追いつかれる勢いが、やはりJ1のチームにはありますし、今日もヴィッセルさんが後半、人を代えていく中でギアが上がっていったのをすごく感じました。そのあたりにも対応できるようなメンタリティーもそうですし、技術や戦術の部分も培っていかなくてはならないのかなと思います」

狙いがハマって前半は優位に運べても、そこからのゲームコントロールが課題だった。相手の変化に対応しながら、プレスをかけるのか多少は相手にボールを持たせるのかを選択すること。速攻でミスが起きたときに遅攻へと切り替えること。

「90分間で戦うことが必要だと、あらためて感じた試合でした。交代は3人までに限られているので、ピッチでの対応力をもっと身につけてもらいたい」

戦力を大幅に入れ替えて連戦を乗り切りながら、経験値の低いプレーヤーを育てていく。2018年の春は、過密日程の中、それまで以上に高木監督のチームマネジメントの手腕が問われた季節だった。

◆選手交代は劇的変化をもたらすものであるべし

高木監督のカードの切り方にはいつも、強烈な色気を感じる。上手くいったときはもちろんだが、失敗に終わったときもそうだ。その本質は何なのだろうと考えると、最終的には、その思い切りのよさにたどり着く。

細やかな配置転換も行うのだが、そこにはつねに大胆さが伴う。試合中はあまり大きな身振りはせず、黙って戦況を見守りながら、ときに戦術ボードをいじったりしているのだが、いざ選手交代になると、そう来たか、と意表を突かれるようなカードの切り方をする。と言っても、それが決して破天荒ではない。ヴェルディ戦での古部健太の1トップ起用に代表されるように、意図を理解すれば実にロジカルだ。

「選手を代えたときに僕がいちばん嫌なのは、何も変わらないこと。目に見えるように変化を起こさせたい」

そう話す高木監督だが、監督経験がなかった頃には「采配ってなんなんだろうな、選手交代でそんなに変わるものなのか」と思っていた時期もあるらしい。

選手交代で変化をつけることに関して、高木監督が最も影響を受けたと自ら明かすのは、いまも名勝負として語り継がれるＥＵＲＯ２００４ポルトガル大会でのオランダ対チェコの一戦だ。解説の仕事で、この試合を現地で観ていたという。

中盤をダイヤモンド型にした攻撃的な３―４―３システムのオランダは、まだ若きロッベンが左ウイングで無双状態。個人技で相手を引き剥がすとクロスを入れまくり、バウマとファン・ニステルローイが押し込んで、早々に2点をリードした。

23分にはチェコもオランダのミスから1点を得るのだが、ここからのチェコのブリュックナー監督の采配が衝撃的だった。チェコは４バックシステムを採用していたのだが、ロッベンにいいようにやられていた右サイドバックのグリゲラを下げ、攻撃的なスミチェルをピッチに入れる。スミチェルは右のウイング的な位置に入ったが、右サイドハーフにいたポボルスキーも右サイドバックに下がるわけではなく、そのまま高い位置に留まった。それなら3バックとなったのかと言えば、それは確かにそうなのだが、最終ラインの3人は均等にピッチの横幅をケアするわけではなく、左サイドに寄っている。つまり4バックの右サイドバックが不在という状態で、最もケアしなくてはならないはずのロッベンを完全に野放しにしたのだ。

この変則的なシステム変更により、試合は当然、ノーガードの殴り合いとなったが、単純にそういうものでもなかった。攻めまくるチェコの右サイドに対応するために、無双状態だったロッベンの勢いが削がれる。削がれてもさすがのロッベンなのでドリブルで仕掛けるのだが、それをしのぎながら、チェコは奪った瞬間にガンガンに攻めた。

2―1で迎えた59分、オランダのアドフォカート監督はロッベンを下げて守備的なミッドフィルダー・ボスフェルトを入れ、逃げ切りを図った。だが、迷いなく追い上げるチェコは71分にミラン・バロシュが同点ゴール。さらに88分にスミチェルが1点を追加して逆転に成功した。

それからチェコは即座にバランスのいい4バックシステムへと立ち位置を変更して残り時間を過ごし、試合は2―3でチェコの大逆転勝利に終わる。

「あれを見たときに『これすげえな、これが選手交代だな』と思った。選手を代えることですごく大きな影響が及ぼされた。それ以来僕は、選手交代というのは流れを変えるもので、誰が見ても変化をつけさせないといけないと思うようになったんです」

解説者として見た名将たちの采配の数々が、高木監督の戦術眼を養っていった。

「新しいところで言うと、日韓ワールドカップのイタリア戦でヒディンクが見せた采配もそうでした。あの試合で僕は解説をしていたんだけど、選手が入ってくるたびにシステム変更をする し戦い方も変えてくるしで、解説のほうが追いつかなかった」

２００５年５月のＵＥＦＡチャンピオンズリーグ決勝も、記憶に残る一戦だ。下馬評どおりＡＣミランのワンサイドゲームとなり前半だけで３―０と大差がついたが、リヴァプールのベニテス監督は大胆なシステム変更を施して３点のビハインドを追いつき、ＰＫ戦にもつれ込ませて劇的な優勝をつかんだ。

「３バックにしたのは僕も映像を見ていてわかったんだけど、簡単に言うと３―３―３―１という超攻撃的なシステムでやっていて、こんな形は当時の日本では誰も知らない。僕は解説で、それを上手く話せなかったのがちょっと悔しかった。でも、そういうことも人の交代で起こりうるんだということを感じさせてもらいました」

◆後半立ち上がりのパワープレーは失敗したが

高木監督の勝利を目指す姿勢は、ときに「割り切って放り込んでいる」といった評価を招くことがある。ある切口においてはそうとも解釈できるのかもしれないが、どうしてもその「割り切っている」という言葉が、しっくり来ない。インタビューで高木監督にそのモヤモヤをぶつけてみた。

「勝つために割り切るということはないですが、負けてもともとという部分は、多少はあります。Ｊ２時代もそうだったけど、僕自身もビッグチームとやるとき、ある程度ひらきなおったほうが思い切ったことができる。だから選手には勝負しろと言っているし、そう言っている以上はこちらも肝を据えて見届けないといけない。でも、そうしているほうが選手も思い切ってやるし、変なミスがなくていいんです。何をやっても共通しているのは、勝つために自分に何ができるか、選手に何をやってもらうか。われわれのチームは、そういうことをやってくれるんですよ。それをやってくれない選手やチームだって、中にはあると思う。思い切りやってくれる選手もいれば、しょうがねえなと思いながらやる選手もいるだろうけど、僕のチームの選手は思い切りやってくれる。だから僕がそういうことをやれる環境なんだと思います」

　いちばん最近見た高木監督の大胆采配は、２０１８年5月16日、ルヴァンカップグループステージ第６節の湘南ベルマーレ戦だ。結果的にそれは失敗に終わったが、これもまた思い切りのよさ全開の施策だった。

　引き分け以上でプレーオフステージへの進出が決まるという状況にもかかわらず、どういうわけかこの試合のＶ・ファーレンは終始いいところなしで、すべてにおいてベルマーレに上回られていた。

　35分と37分に立て続けに失点し、２点ビハインドで迎えた後半の立ち上がり、高木監督は思い切った策に打って出る。存在の消えがちだったシャドーのベン・ハロランを木村裕に代えるとともに、長身センターバックのチェ・キュベックを最前線に上げたのだ。チェ・キュベックの抜けた最終ラインの真ん中にはボランチの前田悠佑が、そしてボランチにはシャドーの名倉巧が、一列ずつポジションを下げて3―4―2―1のシステムはそのまま。両ウイングバックにも高い位置を取らせてチェ・キュベックにひたすら長いボールを放り込み、埒のあかない状況をなんとか転じようと試みた。

だが前線にボールが収まるわけでもなく、セカンドボールを相手に拾われる展開が続いて効果がないと見ると、59分にはすぐに、それぞれのポジションを定位置へと戻した。

この采配について、高木監督は試合後にこう説明している。

「どうしても勢いをつかせたかったので、キュベックをトップに置いて、とにかくパワープレーの布陣を組みました。自分の中ではナイアル・クインがトップにいて、シャドーにケヴィン・フィリップスがいるというイメージで、とにかく押し込んで勢いをつけたいと思いました。でも、あまり上手く行かなかった。残念です」

ナイアル・クインは１９８０年代から２００２年までイングランドで活躍した、元アイルランド代表の長身フォワードだ。ケヴィン・フィリップスは元イングランド代表フォワードで、二人はサンダーランドＡＦＣでコンビを組み、得点を量産してチームのプレミアリーグ昇格を後押しした。高木監督はチェ・キュベックと木村にそのイメージを重ねたのだという。ただ闇雲にパワープレーを仕掛けたわけではなく、こうして確たるイメージを描いていた。想定していなかったに違いない展開で、いきなり20年も前のサンダーランドを引っ張り出してくるあたり、その引き出しの多様さには、ただただ手放しで楽しませてもらうしかない。

◆サッカーは本質をたどっていけるかどうか

とにかく一日中、サッカーを見ているのだという。対戦相手の直近5試合を見るほかに、国内外のゲームのチェックを欠かさない。少し以前にはチェルシーFCの試合を追いかけていると話していたが、いまはもう見ていないようだ。同じことを繰り返すのはあまり好きではないらしい。

組織的に守り、タフに戦えるフォワードにボールを集め、したたかに勝っていく。そういうイメージがあると言えばあるが、これだけ多くの引き出しを持っている高木監督が、最終的に目指しているサッカーとはどのようなものなのか。

「たとえば簡単に言うと攻撃的・守備的、サイドアタック攻撃、カウンター、ポゼッション、攻守の切り替えといろいろあるけど、僕の中でサッカーは、すべてにおいて完成はないと思っている。見えないものをつねに作り上げようとしているんです。基本的にはアグレッシブで攻撃的なサッカーが好きなので、それはポゼッションを中心とした攻撃になるかもしれないけど、それをするにはちょっと人の力が必要になる。ではそれができなければどうするかというと、切り替えを早くしてボールをすぐに奪い取ろうということになっていくだろうし。いま考えているのは、サイドの攻撃をもっと意識しなくてはいけないな、とか。そういうことをいろいろ考えていく中で、何もかも上手く噛み合わせたチームを作るのはなかなか難しい。完成のないものをとにかく完成させようとしているという感じです。いまはもう何年後かには完成するって言われているけど、サグラダ・ファミリアなんかはいつ完成するかわからないって言われてたでしょ。それでもみんな作りあげていってるじゃないですか。そういうものなんです、僕の中で、サッカーというのは」

「でも、完成形がない中でも、目指すイメージを描かなくては前に進めないでしょう。それはどう描いているんですか」

「時代ですよね。たとえば僕が長崎に来たシーズンのチャンピオンズリーグの、ドルトムントとバイエルンの決勝戦。プレッシングのすごさを見て『これからはそういう時代になっていくんだな』と思ったら実際にそうなって、高い位置でボールを奪うチームが増えてきた。そんなふうに、そのときどきの影響を受けながら、また自分たちの選手がどういうことができるかでも変わっていきます。最近は、奪ったボールをできるだけ早く前につけていくこと。それが長いボールでも短いボールでも構わないんですが、テンポというか、リズムを速くしたいなと思っています。海外のサッカーを見る中で感じるものがあって、それをやっていこうと思うところはありますね」

だからといって、見たものをそのまま取り入れることはしないのだという。

「そうやっていろいろやるのは結局、真似に過ぎないじゃないですか。それを追い続けても、表面上のものにしかならない。僕はミシャさんから多くを学んだけど、ミシャさんと同じことはできない。形としては同じでも、同じことをやるのは無理なんです」

そんな話をする中で、わたしが「サッカーって、美学と美学のぶつかり合いみたいなところもあるじゃないですか」と言うと、高木監督は静かに、だけどきっぱりとそれを否定した。

「それはジャーナリストの使う言葉ですよ。われわれの世界では、美学とかっていうのはない概念だと思います。1対1で、目の前の相手よりもボールを前に持っていく。ウラを取る。それだけじゃないですか。それを美学と称するのはジャーナリストだけです」

否定されて喜ぶのもどうかとは思うが、こういう言葉を聞けた瞬間に、何とも言えないうれしさが胸にどっと押し寄せてくる。本気で向かっていったときに、それを上回って返ってくる、スケールの大きさに裏打ちされた指揮官の言葉。まさにヘビー級だ。

「サッカーというのは、本質をたどっていけるかどうかというところだと思う、これは絶対に。相手をかわす力、相手からボールを奪う力、相手から点を取る力。人の配置だけでそれが決まるわけじゃない。球際とか切り替えとかいった平べったいことじゃなくて。それはそんな単純なものじゃない」

自身の奥底を凝視しながら話しているような口ぶりに圧倒されながら、ああこれが高木監督なんだよな、と思う。

◆指揮官がまとっていく〝見えない力〟

2010年、国見高校サッカー部後援会の会報誌でインタビューしたとき、高木監督のこんな言葉が胸に残った。

「指導者が変わればやることも変わりますが、伝統っていうのは表面だけじゃなくて、内側に根付いているものがあるんですよね。毎年、選手が入れ替わって、3連覇とかしていた頃の選手たちがいなくなっても、やっぱりそういう雰囲気は何かしらずっと残っている。それは見えないんですよ、僕らにも選手にも。でも外から見るとふとしたシーンで『ああ、やっぱり国見は体が強いな』って思ったり『相変わらずよく走るな』だったり。そんなふうに外の人たちから見たら、先入観もあるんでしょうけど、それもひとつの伝統かなと。本当にひとつひとつのプレーとかちょっとしたことで『やっぱり国見だな』って感じる、そういうことだと思うんですよ」

チームが少しずつ伝統を築いていくように、指揮官自身もまた、年ごとに奥行きを増していくのだろう。高木監督にとってのそれは、伝統と同様、〝見えない力〟なのだという。

2017年シーズン、高木監督は自分自身を変えたのだと明かした。

「特に外に向けて言うことはないけど、僕自身が毎年、自分なりにいろんなことにチャレンジしていく中での話です。勝つチームは、勝ち癖とか波に乗るとか言う。でもどういうのが波に乗るものかという、形的なものはないでしょ。じゃあその形のないものにチャレンジしようと。見えない力を選手たちが持てれば、きっとチームがひとつになったり、団結して勝てるようになるんじゃないかと。そういう力を誘発させようというのが、自分の中ではテーマだったんです」

選手やコーチングスタッフへの目の配り方や、アプローチ方法。「いろいろなことを変えた」と言うが、具体的に何をどうしたのかが見えてこない。

「具体的にどういう言葉をかけたとか……」

それが何なのかを聞き出そうと食い下がるわたしを制するように、高木監督は言った。

「じゃあいままで、誰かのために、本当にこの人のために、って何かをやったことありますか」

不意にそう問われて、すぐに答えられなかった。あるような気もするけど、まだ足りないような気もする。結局は自分のためにしか動けていないようにも思える……。

答えあぐねているわたしを見て、高木監督は「それがなければこの話はつながらないかもしれない」と笑った。

「僕は家族のために死んでもいいからやりたいという、それは形のないものですよね。見えない力ですよ。誰にもわからないんですよ、どういうものなのか。どのタイミングでそういうものが生まれるのかもわからない。具体的に言葉のかけかたを変えたとか、そういう表層の問題じゃないんですね」

そのインタビューを終えてから、折に触れてその言葉を思い出した。〝勘〟という言葉などではなく、あの采配で流れを引き寄せていく力。突然の予想外の起用でも結果を出していく選手たち。それを導き出すものを探って潜り続けていくと、なんとなく指先に触れるものはあるのだが、言葉にした瞬間にそれはどうしようもなく陳腐なイメージに堕してしまいそうだ。

高木監督は期限付き移籍の選手について、こう話したことがある。

「うちにはレンタルの選手が結構いて、そういう選手たちと接する中で、せっかく借りたのだから戻すときにはいい状態で返さなきゃいけないという気持ちが、だんだん芽生えてきた。それは、選手本人に対しても相手のチームに対してもね。レンタルで来るパターンは、要らないか、期待しているかのどちらか。そういうのは人の動きを見てれば大体わかるでしょ。期待されている選手も要らないよって思われている選手も含め、そうやってうちに来てくれた以上は伸ばしていく。それが所属元に戻るのであればなおさら、来たときよりもいい状態で戻してあげればいいじゃないですか」

要らないと言われた選手を、必要とされる選手に変えてやりたい。これ以上の愛情があるだろうか。

その衝動を、より存分に満たすための〝見えない力〟なのかもしれない。それが強くなればなったぶんだけ、筋力を高めたボクサーのパンチが重みを増すように、他者との間に交わすものの質量も大きくなる。

この仕事を続けていくモチベーションはどこにあるんですか、と訊ねると、高木監督は答えた。

「自分を必要としてくれているところ。必要としてくれるところがある以上は、僕はどこでも行きますよ」

狭間で生きる男

吉武博文

◆9人の長谷部と1人のバロテッリ

「吉武さんにとって〝いい選手〟ってどんな選手なんですか」

話を聞く中で、そんな漠然とした質問をぶつけてみたことがある。答えは瞬時に返ってきた。

「判断力、実行力、信用度です。でも全員がそうじゃないと思うんです。サッカーっていろんなポジションがあって、中には信用できない選手がいても全然問題ない。期待はできるけど信用できないとか。波があったりとか。いい加減な選手もいるわけじゃないですか。そういうのがいても全然問題ないんだけど、割合の問題ですね。喩えがいいかどうかわからないですけど、フィールドプレーヤー10人の中に、長谷部誠みたいな選手は1人でバロテッリが9人とか、そういう割合じゃないってことが言いたい。長谷部が9人でバロテッリが1人。まあ長谷部が10人いても悪くはないけど、1人バロテッリがいてもいい」

速いテンポで展開される話の渦に、思わず足を取られそうになる。

「長谷部10人では面白味がないと言われても、それをダメとは誰も言えない。バロテッリ10人でやっても構わない。どうであってもサッカーはできるから。でも、試合内容の面白さとは別に、化学変化が起きるサッカーの醍醐味というのは、多分バロテッリ10人のチームを作ったら、その中から1人は必ず長谷部になるんですよ。……って、僕は思ってますけど」

わたしは大きく息を吸い込んで、少し遠くを見る。話の足元ばかり見ていると乗り物酔いしそうだ。でもこの振り回される感じが、実にスリリングで楽しい。自分とはまったく異なる思考回路をハイスピードで連れ回されているような気分になる。

2015年に岡田武史氏がオーナーを務めるFC今治のチームスタッフとなり、翌年から監督としてチームを率いた初年度に四国リーグからJFLへと昇格させた吉武博文監督のことを、出身地の大分ではいまだに「吉武先生」と呼ぶ人が多い。なぜなら2005年まで、彼は教師だったからだ。地元の中学で数学を教えながらサッカー部の監督を務めたのが、指導者としてのスタート地点だ。1992年から3年間はチェコに渡り、プラハの日本人学校で海外派遣教師の任に就く。1995年に帰国すると大分市立王子中学に勤務し、サッカー部を率いながら大分大学で心理学を学んだ。1997年、大学院生になると同時に大分トリニータU―15の立ち上げに関わり、県と市のトレセンでも指導。2000年からは大分県立盲学校の教諭となり、2001年にS級ライセンスを取得すると、翌年には日本サッカー協会のトレセンコーチとなり、世界大会の狭間でU―15代表監督も務めながら、現在はともにセレッソ大阪で活躍する柿谷曜一朗や清武弘嗣の育成を進めた。

2006年に教職を離れて日本サッカー協会と専属契約。やはり狭間の世代のU―18代表監督として臨んだ仙台カップ国際ユースサッカー大会では、2018年6月、レアル・ベティスに拠点を移した乾貴士や現・ガンバ大阪の倉田秋と長沢駿らを率いて、堂々3位の成績を収める。

その後も日本サッカーの最先端で指導にあたりながら、2009年からはU―17日本代表監督に就任し、いよいよ世界大会を目指す。2011年、メキシコU―17ワールドカップで勝ち進んだとき、吉武監督の名は広く世に知られるようになった。中村航輔（現・柏レイソル）、植田直通（現・鹿島アントラーズ）、室屋成（現・FC東京）、鈴木武蔵（現・V・ファーレン長崎）、中島翔哉（現・ポルティモネンセSC）らが名を連ねたチームは、フランス、アルゼンチン、ジャマイカというそうそうたる国々が並んだグループBを2勝1分で1位通過し、ブラジル代表に2―3で敗れてのベスト8という戦績だった。当時はまだ16歳だったJFAアカデミー福島在籍中の松本昌也（現・ジュビロ磐田）らも参戦していた。

その2年後にUAEで開催されたU―17ワールドカップでは、チュニジア、ロシア、ベネズエラとのグループDを全勝で突破。ラウンド16でスウェーデンに敗れたが、三竿健斗（現・鹿島アントラーズ）、三好康児（現・北海道コンサドーレ札幌）、杉本太郎（現・徳島ヴォルティス）ら、通称〝96ジャパン〟の面々が、その才能を輝かせた。翌年のワールドカップブラジル大会に参戦したA代表にトレーニングパートナーとして帯同することになる杉森考起（現・町田ゼルビア）と坂井大将（現・アルビレックス新潟）も、ここから着々と評価を高めた。

じきにA代表の一員として日本のサッカー界を担うであろう若駒たちを率いる指導者を、多くの人々は初めて見る彗星のように迎えたのだった。

◆グアルディオラと別々に辿った同じ道筋

なにしろそのスタイルが、やたらラディカルに見受けられた。平たく「ポゼッション志向」という表現もできるのかもしれないが、吉武監督と話していると、そういったさまざまな呼称はあくまでも便宜上のものに過ぎないことを思い知らされる。

フォーメーションは、ジョゼップ・グアルディオラ監督がFCバルセロナでやっていた〝ゼロトップ〟と同じ形だ。〝偽9番〟が両ウイングより下がった位置を取る。だが、最初に吉武監督がこの形にたどり着く起点となったのは、さらに時代をさかのぼったリヌス・ミケルス監督の〝トータル・フットボール〟。リオネル・メッシではなく、ヨハン・クライフなのだった。

吉武監督のサッカー観の目覚めは高校2年生のとき、大分県立上野丘高校サッカー部時代にまでさかのぼる。恩師・後藤康徳先生が見せてくれた、1974年ワールドカップでのオランダ代表の試合映像が契機となった。

「当時は試合中継の放送もなかったから、16ミリの映写機でその映像を見せてもらったのは3年遅れでした。衝撃を受けましたね。全然違うんだもん。あ、これって概念が違う、みたいな。ボールをみんなでうわーっと取りに行く。取ったらわっと広がる。これはすごいなと。ピッチの4分の1にみんな入っちゃうし」

こんなサッカーをやってみたい、と思いながら、どうやったらいいのかまではわからないまま、クライフの姿は記憶の底へと沈んでいく。

時とともに海外のサッカー情報が少しずつ入ってくるようにはなったが、吉武監督がもう一度原点に立ち返ったのは、U—15／16／17代表の指導にあたるようになってからだった。世界を舞台に戦うにあたって、日本人の良さを引き出したいと考えるようになり、その結果たどり着いたのが〝全員攻撃・全員守備〟だった。

「なんか聞いたことあるなあって思ったら、これってトータル・フットボールだよねって。あ、そういえば1974年だ、と思って。で、それを具現化するにはどうすればいいんだと自分なりに考えてやっていったのが、これだった」

輪郭が見えてきたのは2011年。メキシコU—17ワールドカップへの出場が決まり、それまでの期間に実戦形式の練習を重ねながら試行錯誤していた頃のことだ。トレーニングマッチの相手はJリーグのサテライトチームや大学生で、線が細く経験も少ない17歳たちのチームは負け続けて15連敗。そもそもゴール前までボールを運ぶことさえもできない。これでは世界大会に出場しても面白くないではないか。なんとかゴール前まで行く方法はないものか。そういう、サッカーにおける実に原始的な欲望が、吉武監督の理論を導き出した。

「こうやったら簡単なんじゃないかって、あるときちょっと思いついてやっていたら、スタッフに『グアルディオラがメッシを使ってそれやってますよ』って言われて。バルサのやり方だって、それで初めてわかったの。『早く言ってよ、この1年間どれだけ悩んだか……』って笑ったんだけど」

それまでは存在を知っている程度だったというグアルディオラのサッカーを、そこからは追いかけて見るようになったという。

吉武監督が本大会前にたどり着いたトータル・フットボール的戦術は、「こういうのどうかな」と投げかけられた選手たちからも「面白そう！　やるやる！」と大喜びで受け入れられた。選手たちとディスカッションしながら立ち位置をアレンジしていくうちに徐々に練り上げられ、ついに本大会ラウンド16のニュージーランド戦では、パス本数８００本という数値を叩き出し６―０で勝利するところまで完成度を高めると、日本のみならず他国のメディアからも賞賛の言葉を引き出した。

◆数多のプロ選手を育成した大分時代

地元・大分では先進的なサッカー観を持つ育成指導者として早くからリスペクトされていたが、全国の多くのサッカーファンにとって、この国際大会で脚光を浴びた知将の経歴は、知れば知るほど異色だったと思う。

大分の市街地で育ち、学区内の公立学校に通い、中学1年生までは野球少年だった。のちに読売ジャイアンツで活躍することになる岡崎郁の1学年上にあたり、よく対戦していたという。だが、スポーツ好きではあったものの、野球という競技自体は吉武少年をそれほど虜にはしなかったようだ。スポーツ全般が好きだという程度の感覚で、高校進学を前にして、「野球とラグビーとサッカーのどれをやろうかな」と考えた。

「ラグビーなら舞鶴、サッカーなら上野丘か大分工業、野球なら先輩のいる舞鶴かな、勉強だけするんだったら雄城台かな」

それぞれの名門校や強豪校を比較して迷い、中学3年の冬に練習を見に行った。そのとき、大分上野丘高校サッカー部の練習が「自分の中にいちばん刺さった」のだという。

「サッカーをやってなかったんです。攀登棒（登り棒）を上ったりしてた」

「フィジカルトレーニングですか」

「さあ、わからない。でも、なんだか雰囲気が良かったんですよ。多分、統制が取れていたのは舞鶴のラグビー部だった。その時期だったら全国大会を前にきちんと練習していたはずで、それも魅力的だなと思ったんだけど。いま思えば何故かわからないけど、自分の中に何か合致したものがあっただけだと思う。それで上野丘高校に進学してサッカーをはじめたんです。サッカーには苦しいことも多くて途中で辞めた仲間もいたけど、自分は3年間、サッカーを辞めようなんて一度も思わなかった」

すっかりサッカーの魅力に取り憑かれて、それからは生活の中心はつねにサッカーになった。教員になったのもサッカーに携わっていたいという理由からだった。大分大学を卒業して、最初は県の南部にある離島の中学校に数学教師として赴任したが、その2年後、大分市立明野中学校でサッカー部監督に就任。初年度にいきなり全国中学校サッカー大会でチームを優勝へと導く。

この大分市の明野地区からは多くのプレーヤーが輩出されてきた。東京ヴェルディやFC琉球などで活躍し、現在は東京ヴェルディユース監督兼GM補佐の永井秀樹と、その弟でサッカースクールコーチとなっている永井篤志。横浜フリューゲルスなどでプレーしてフリーキックの名手と呼ばれ、現在はヴィッセル神戸のスポーツダイレクターの三浦淳寛。年代別代表でキャプテンを務め、大分トリニータやガンバ大阪を経てレノファ山口でプレーする福元洋平。大分トリニータからセレッソ大阪へ移籍し、ニュルンベルクやハノーファー、セビージャなどでもプレーした経験を持つ日本代表の清武弘嗣。

こうして列挙するだけでもそうそうたる面々だが、彼らのほとんどが、明治北ＳＳＣの新庄道臣監督の下でボールを蹴り、明野中学校あるいは大分トリニータU―15で吉武監督の指導を受けた経歴を持つ。

トリニータU―15やトレセンコーチ時代には、さらにさまざまな選手や指導者たちに濃い影響を与えた。吉武監督のトレーニングメニューを詳細に記憶していたのはFリーグ・バサジィ大分でプレーする白方秀和だ。グリッド内での有効な足の使い方、バックステップの踏み方、タイミングが合わなかったら2ステップで調整すること、ボールを置く角度やスピンをかける蹴り方。

「これは普通の中学レベルでは教えてもらえない内容だと感じながらやっていました。おかげでフットサルに転向して足裏を使うようになっても、ボールの置きどころが違うんです」

吉武監督らしい、と思わず笑ってしまったのは、福元洋平の話してくれたエピソードだ。

「練習中に『言うことはちゃんと聞け、でも言われたとおりにはするな』って言われて混乱しました」

吉武監督はいつも言うのだ。

「ここは判断しなくてもいい社会だから、これからは意図のわからない選手が増えていくでしょうね。そういうアプローチをされてないから。24時間のうち練習できるのは1時間半とか2時間で、そこで意識付けしても、あとの22時間はこの社会の中で生きてる。だから車は一台も来ていないのに赤信号だから渡らない日本人、それが外国の人には奇異に映るわけですよ」

◆日本代表から地域リーグのクラブチームへ

２０１４年に堂安律（現・ＦＣフローニンゲン）や冨安健洋（現・シントトロイデンＶＶ）らを率いてチャレンジしたものの、U―17ワールドカップは5大会ぶりに予選敗退。チリで開催された本戦への出場権をつかむことはできなかった。これをもって吉武監督は協会を離れ、いくつかのオファーを受けた中で、元日本代表監督でもある岡田武史氏から誘われて、岡田氏がオーナーとなっていたＦＣ今治へと活動の場を移す。ＦＣ今治の当時のカテゴリーは地域リーグ。２０１５年に「メソッド事業本部」スタッフを経て、２０１６年シーズンにトップチームの監督に就任した。

数学教師からサッカー指導者になり、日本サッカー協会と契約してサッカー界におけるアカデミックな世界で生きてきた吉武監督が、地域リーグのクラブチームを率いる。それも、岡田氏が日本サッカーの〝型〟を作るためにオーナーに就任したという、実に特殊な性質のクラブだ。サッカーを地域文化として根付かせていくというヴィジョンは、やはり地域リーグに所属しながらアンダーアーマーの日本総代理店である株式会社ドームの子会社となったいわきＦＣのそれとも通ずるものがあるが、いずれにしても他のクラブとは、大きく性質を異にしていた。

そういう〝特殊〟なクラブとはいえ、指導する対象が若き日本代表選手たちから社会人プレーヤーへと変わるのは、あまりに落差が大きいのではないか。それに、数多の選手リストからピックアップして好きなように編成できる代表チームとは違い、クラブチームではシーズンを通して固定のメンバーで戦わなくてはならない。その代わり、時間をかけてみっちりと指導することはできる。代表チームは少ない活動日数で結果を出すことが求められる。

そういった差異の中で、吉武監督がどう変化するのかがとても興味深かったのだが、どっこい、蓋を開けてみると吉武監督はどこへ行っても吉武監督だった。

つまりはFC今治でも、U―17代表でやっていたのと同じサッカーを追求していたのだ。

U―17代表では「フィールドプレーヤーには2人のセンターバックと8人のボランチを並べる」というコンセプトを打ち出していた。現在、FC今治で目指しているのは「ストライカーがいなくても点が取れるサッカー」だという。表現の軸足が現象寄りになっただけで、ふたつのフレーズが意味するコンセプトは同じだ。

もうひとつの共通コンセプトは「相手が守っていないところを攻める」ということ。結局はこれが最も、サッカーに対する既成概念をことごとく打ち砕き、かつ本質に迫る思想なのだと思う。

「結局、何をやっているかっていうと、相手の守っていないところを攻めるだけ。相手がそこを守っていたら、人を配置する必要がない。だからゼロトップに見えるけども、相手が守っていなければ、そこに配置すればファイブトップに見える。ただそれだけで、形があるわけではない。いや、もちろん形はあるんだけど、それに固執してる感じじゃない。みなさんゼロトップだのなんだのっていろいろ言いますけど、僕は基本は4―4―2だと思ってるんですよ。ボールが進むまで、自陣では4―4―2。相手陣内のかなり押し込んだところでは、数字で言えば、3―2―5。その途中ではいろいろあるよねっていうこと。数的優位で進むということだけなんです」

ピッチを3分割して考えるやり方は、サッカーではオーソドックスなものだ。ディフェンシブ・サード、ミドル・サード、アタッキング・サードと一般的には呼ぶ。吉武監督は「序盤、中盤、終盤」という言葉を使った。

「簡単に言うと、序盤、中盤、終盤というところでは、当然、相手が守る場所が違う。相手の自陣、こちらがゴールに近い場所だと、相手はもう守る場所は決まってるじゃないですか。ゴールですよね。逆に自分たちがキーパーを使いながらボールを回しているときに、相手の選手たちは、まだ遠いからゴールを守るという意識はなくて、スペースや人を守っている。人を守るのかスペースを守るのかゴールを守るのかという狭間で、相手の選手は生きているわけなので、スペースを守ってるのなら人が空いてるよね、人を守ってるのだったらスペースが空いてるよね、ゴールを守ってるんだったらスペースまたは人が空いてるよね、ということになる。それを見極めながら、ただやっていくだけです」

数学の授業のような理路整然さに、思わずツッコミを入れたくなる。

「でも、たとえば相手選手が、スペースを守るべきときなのに人を守っちゃう、とかいうこともあるわけですよね」

すると吉武監督は我が意を得たりとばかりに笑った。

「そう。だからやってることはただひとつで、一言で言えば相手を見る、状況を見る、相手の心を見るだけ。アイテムでしかないんですよ」

自陣では、ボールを失わずに前へと進めることが第一義。ここでの判断ミスと技術的なミスは極力減らしたい。ゴール前まで進めたら、ゴールを目指すことが第一義となる。ここからはミスを恐れずに狙っていく。相手は人だけでなくゴールも守らなくてはならないから、マークがずれる。そのずれを突くために、相手を見ることが求められるのだ。

◆役割をイメージさせる独自のネーミング

「相手が守っていないところを攻めるサッカー」なので、こちらのポジショニングを決めるのは相手ということになる。

どこでボールを受けるかを考えるにあたり、判断材料はいくつもある。相手選手がどこにいて、どちらを向いているか。ボール保持者とパスの受け手の候補となる味方はどこにいるのか。相手のプレッシャーにさらされることはないけれどもゴールから遠い位置でもらうのか、相手を背負うことになってもゴールに近い位置でもらうのか。そこにはスピードや技術といった相手との力関係や、パスの出し手および自分自身の技量も絡んでくる。

「だから、必要最小限の幅と厚みを取る形でスタートポジションを決めているんです」

FC今治で採用しているシステムも、U―17代表時代のそれと同じだった。大きくワイドに張り出したウイングと、その下の〝偽9番〟はU―17代表で見慣れた形だ。ただし、それぞれのポジションの名前が違っていた。

吉武監督は、各ポジションに独自の名称をつけている。

U―17で言えば、ゴールキーパーとサイドバック、センターバック、アンカーまでは一般的な呼称だったが、それより前のポジションは違った呼び方をされていた。アンカーの前に並ぶインサイドハーフは「フロントボランチ」。左右に張ったウイングは「ワイドトップ」。センターフォワード、つまり〝偽9番〟は「フリーマン」という。いずれも吉武監督のオリジナルだ。

こうしてポジションに名前をつけることによって、その役割を意識付けする狙いがある。

「ボランチって、ポルトガル語だと思うんですよね。で、ポルトガル語で話してる国っていうのはブラジルかポルトガルじゃないですか。じゃあボランチのいい選手はどこの国に多いかと言ったら、もうほとんどがブラジル人なんですよ。それは当たり前なんです。なぜかというと、ボランチっていうポジションはポルトガル語ですから。どういう仕事、どういう役割をこなすかということはボランチっていう言葉の中に全部入っていて、意味は舵取りとかですよね。だから舵取りできるのはブラジル人に決まってる。じゃあイタリア人にボランチができるのかと言ったら、ボランチっていう意味がわかってないから、真のボランチはできない。同じように、サイドバックとはどういう役割か。おぼろげながらでも、自分の思うサイドバック像と、ひぐらしさんの思うサイドバック像は違うと思うんです。それでは困るので、われわれのチームとして、この名前の中に役割が入っていないといけない」

たとえば「自由」と一言で言っても「フリーダム」なのか「リバティー」なのかが明確に区別できない日本という国は、言語的に見るとあまりサッカー向きではないと、吉武監督は考える。そういう理由でFC今治でも独自のポジション名は健在で、ここではゴールキーパー以外、フィールドプレーヤーのすべてにオリジナルの名前が与えられていた。

かつて「フリーマン」と呼ばれていた〝偽9番〟は「リベロストライカー」という名に変わっていた。自由であって、でも得点も取りに行く。「フロントリベロ」と呼んだ時期もあったが、いまはこれで落ち着いているようだ。「ワイドトップ」だったウイングも「ワイドストライカー」に改称されて、ともにゴールを狙う役割を明確にされた。

「一般的なウイングって言っても、僕らにはわからないんです、本当の意味は。翼で、端っこなんですよ。内側に入ることはないわけです。そこで『ワイドストライカー』。ふたつの言葉をくっつけている。ワイドであり、なおかつストライカーでもある。ワイドに張りっぱなしだったら点は取れないですからね。点を取りに入ってくるときはストライカーでしょ」

インサイドハーフも「フロントボランチ」から「パッセンジャー」へと変わった。助手席という意味の言葉をあてがったのは、すべての助けになる役割を課したのだという。サポートに入り、数的優位を作り、ポゼッションして相手を崩す、といった具合に最も多彩なタスクをこなさなくてはならないポジションだ。

サイドバックは「スペースアタッカー」と呼ばれるようになった。読んで字のごとく、スペースを突いて攻める担当だ。

2枚のセンターバックは「クラウン」で、アンカーは「フロントクラウン」。攻撃的な役割を期待して、吉武監督は王冠という名をこのポジションに与えた。

「今後はゴールキーパーになっていくと思うんですけど、いまは世界的にサイドバックとか、戦い方によってはセンターバックが、攻撃において重要なポジションなんです。だからいちばん大事なところだよ、と」

大分市出身で大分高校サッカー部の全国大会ベスト4メンバーだった佐保昂兵衛が、九州産業大学を卒業後、FC今治に加入している。彼の本職はフォワードだが、スピードと走力とプレーの安定性を評価されて高校時代は4―3―3の中盤のサイドアタッカーを務め、高校選抜チームや大学ではサイドバックで起用されていた。FC今治のシステムにおいて佐保の本職に近いのはワイドストライカーだと思うが、スペースアタッカーに配置されるのも理解できる。だが、吉武監督は佐保をクラウンに置いたこともあった。

「体が強い、走るのが速い、俯瞰力はないけども信用できる。最後まであきらめない。そういうトータルで見たときに、ここのポジションが合ってるかなと。でも、彼はどこでもできますよ。パッセンジャー以外は全部やっているし」

クラウンの命名の由来は王冠であると同時に、錨の先端でもあるという。かつて瀬戸内海の島々を拠点に水軍が跋扈していた町をホームタウンとするチームは、エンブレムのデザインに錨をあしらっている。それにちなんでの命名でもあった。

「錨を下ろしたときに最初に海底に刺さる場所。形も似ているでしょ。いちばん後ろで支える、すごく重要なポジションなんだよと伝えたいんです」

その試みは、チームが地域に根ざしていくための一環のようでもある。加えて、チーム内だけで通用する言葉を使うことは、秘密を共有するように、自分たちには共通認識があるという結束感を育てていきそうだ。現に選手たちはプレーのパターンに「1番」「2番」「3番」といった名前をつけて準備していて、試合中に「3！」などと声を掛け合ってコンビネーションを繰り出すこともあるのだと、いつか佐保が話していた。

◆人選から〝日本人プロトタイプ〟の輪郭は見えたのか

だが、吉武監督が強調するのは、あくまでもそれらは「ポジションの役割」であって「人の役割」ではないということだ。プレー中に、選手たちはあちこちへ動く。ただ、誰かがスタートポジションから動いたときには別の誰かがその空いたポジションへと入らなくてはならない。そこへ入ったときにはそのポジションのタスクをこなす。たとえばワイドストライカーがゴール前に入ってきたらリベロストライカーがサイドに移動してワイドストライカーの役割を果たすといった具合に、それぞれが役割を入れ替えながらフォーメーションの形態を保つことになる。

つまり、ピッチに立つプレーヤーはどのポジションのことも理解していなくてはならないし、どの役割もこなせなくてはならない。あくまでも「自分たちが主導権を持って進めるための、ボールを持ったときにどういう役割なのか」を伝えるための独自名称だ。

そのために、めまぐるしいまでに流動的だったU—17代表は、ファンタジックであると同時に「無個性」という、ネガティブなニュアンスをはらんだ評価も受けた。ひとりひとりをクローズアップすればきちんと差異はあるのだが、全体を俯瞰したときには、似たような体格、似たようなプレースタイルのプレーヤーが入れ替わり立ち替わり似たような役割をこなしているように見えるのだ。

これは吉武監督が日本サッカー協会入りする前、大分で指導していた頃から変わらないスタイルで、その影響を受けた指導者たちが、いまもそれをアレンジしながら継承している。

その中で、取りこぼされた才能もあったと言われた。1999年大分県津久見市生まれのフォワード・安藤瑞季がその一人だ。身長は低いが、がっしりした体は当たり負けすることなく高い身体能力を誇り、スピードに長けるとともにパワフルなストライカー。地元のクラブチームでプレーしていた中学時代から卓抜したポテンシャルを感じさせながら県選抜などに呼ばれることがなかった。安藤が目立って評価されはじめたのは、小嶺忠敏監督が率いる長崎総合科学大学附属高校に進んでからだ。年代別代表に招集されるようになり、高校卒業後にセレッソ大阪でプロデビューした。

安藤が地元・大分で開花しなかったのは、ひとえにそのプレースタイルが〝吉武イズム〟のフレームから外れていたことも影響していたのではないかと言われている。だが、意外にも吉武監督は「僕がトレセンコーチだったら安藤瑞季は選んだよ」と言った。

「大分県トレセンはいまも質に働きかけるコンセプトを貫いていて、瑞季はそんな土壌にいたからこそ育った選手だと思う。ただし選ぶのは、9人の長谷部としてではなく1人のバロテッリとしてね。小さな選手が好きなわけじゃないんですよ。身長を最初に見てはない。第一義は判断力、予測力、相手を見る力。そしてサッカー理解の高い選手。そうやって選んだ選手たちがたまたま小さかっただけなんです。フィジカルに長けた選手が同じレベルの判断力を持っているならそちらを採る。トータルで評価した結果、ということです」

U―17代表での吉武監督のスタイルは、それだけプレーヤーを選ぶということだった。体格には恵まれていないが基礎技術が高く、小さな魚のように細やかな切り返しでくるくると動き回る選手たちこそが、世界というステージで「日本人の良さを生かしたい」と考えた吉武監督のたどり着いた〝日本人プロトタイプ〟だと思われがちだが、必ずしもそうとは限らなかったようだ。

◆成長のプロセス、松本昌也の場合

その後〝吉武式〟となっていく戦術が生まれた瞬間に立ち会い、U―17代表チームの一員としてその輪郭形成の一端を担った松本昌也は、そのときのことを明確に記憶している。

２０１１年、メキシコU―17ワールドカップへ向けてトレーニングを重ねていた時期のこと。吉武監督が「こういうのやってみよう」と示したフォーメーションは、選手たちが初めて見る形をしていた。

「ポジションはあってないようなものでした。ずっとフォワードでやってきた川口（尚紀、現・アルビレックス新潟）くんを右サイドバックにコンバートしてシュートまで行かせたり」

松本自身はインサイドハーフにあたる「フロントボランチ」に配置され、中間ポジションを取り続けながらあちこちに顔を出して味方をサポートする役割を与えられた。

立ち位置や動き方を細かく戦術的に指示され、「ときどき監督が何を言ってるのかわからないときもあったけど、面白そうだからやってみようという感じだった。オリジナルの用語もだんだん増えていきました」と、頭の中にあるイメージを手探りで形作っていった様子を振り返る。さすが元教員の監督だけあって、プリントが配布されるミーティングは「数学の授業を受けてるみたいでした」と笑ったが、中でも興味津々で取り組めたのは、ピッチに立ち選手ひとりひとりが駒になって動かされる〝人間戦術ボード〟だったという。当時、これを選手たちは「リアルミーティング」と名付けていた。これなら実際の視野や距離感そのままで、実戦の場面をイメージしやすい。そうやって戦術は共有されながら組み上げられていった。

持久力や体幹を鍛えるフィジカルトレーニングも課されたが、やはり強く印象に残っているのは技術や判断力を高めるメニューだという。

大分トリニータでプロデビューした当初の松本は、体格的に恵まれていない自覚があり、間で受けて動いてを繰り返しながらゴールに迫っていくプレースタイルを自身の強みにしようとしていた。だが、J1やJ2の試合に出場し、それまでの同年代同士の対戦とは違って幅広い年齢層や経験値のプレーヤーとマッチアップする経験を積んでいくにつれ、次第に当たり負けしないフィジカルの必要性を感じるようになる。そこで、怪我による長期離脱期間にウエイトトレーニングによる肉体改造に取り組み、オフをまたいで翌シーズンが始まると、ひと回り大きな姿で現れた。激しいデュエルも辞さず、球際で自分より体格のいい相手にも競り勝つようになり、プレースタイルも大きく変化した。

そんな自身の段階的な成長について、松本は疑念なく肯定的だ。

「フィジカルはプロになってからでも鍛えられるけど、あれだけの基礎技術とサッカー理解を高めることができたのは、高校生だったからだと思う」

吉武監督のサッカーを体現しようと試み続けた中で、考える癖が身についたのだという。

「監督の描いている戦術をイメージして、それを脳内で処理し、プレーに持っていくことをつねに意識しています。監督が替わって違う戦術になっても、監督の言葉から求められていることを汲み取って表現できるように」

大分トリニータ時代、田坂和昭監督や片野坂知宏監督の下でプレーしていた頃もそのクレバーさは際立っていたが、2018年シーズンにジュビロ磐田に移籍してからは、チームメイトとなった中村俊輔にも刺激を受けながら、より高度なタスクにチャレンジしているようだ。最近の名波浩監督は松本を3バックシステムのウイングバックで起用している。直線的に長い距離を走るのは決して速くない松本をそのポジションに配置するのは意外なようにも思えるが、相手との駆け引きにおいて絶妙な立ち位置を取れる特長を生かし、サイドを使ったビルドアップを強化しているのだろう。

ＦＣ今治で指揮を執るようになった吉武監督は、年齢を重ねた選手たちの指導についてこう語った。

「10代の選手たちに比べたら、ここの選手たちはもう脳の可塑性は少なくなっているし、技術はそんなに急激には良くならない。それでも認知にはまだまだ発展の余地があると思うんです。サッカーは実は単純なスポーツで、ただゴールを守ってゴールを取ればいいだけじゃないですか。点を入れさせないで相手より1点でも多く点を取る、目標はそれですよね。そういうスポーツ特性は、カテゴリーが変わっても同じなので。アプローチの方法は変わるかもしれないけど、やることは同じです」

それでも理想を言えば、やはりゴールデンエイジから計画的にプロセスをたどって育成したい。ＦＣ今治では岡田武史オーナーの下、その哲学に共鳴するコーチングスタッフが集い、スクールやアカデミーから一貫した方針に基づく育成プロジェクトに着手しつつある。現在のトップチームが築いた礎を、数年後や十年後、〝今治の子供〟だった選手たちがどのように受け継いでいるのかが、とても楽しみだ。

◆型は便宜上のものに過ぎない

「ゼロトップだとストライカーが育たない」

そんなふうに批判されることも多かった。だが、吉武監督としては「ゼロトップ」という言葉が一人歩きしてしまったことに違和感を覚えざるを得ない。

「反論してるわけじゃないんですけど、じゃあいままでみんな、言葉で言うと個性を大事にしてストライカーを育てようとこの四、五十年やってきたんでしょ。ストライカーって言われる人を真ん中に置いて、育てようとしたんでしょ。その結果、育ったんですかっていうこと。釜本さん以来出てないじゃないかっていう通説ですけどね。だったら、このやり方では育たないという仮説を立ててもいいんじゃないか。違う方法でやったら育つかもしれないって」

その仮説から導き出されたのが、「ストライカーがいなくても点が取れるサッカー」なのだった。吉武監督は続ける。

「ストライカーがいなくても点が取れるというサッカーをしていたら、僕はストライカーが育つと思ってるんです」

え、もう一度お願いしていいですか、と聞き返したくなるようなパラドックスだが、吉武監督は本気だ。それは10人のバロテッリをピッチに放り出しておいたら、そのうちの1人は長谷部誠になろうとするというのと同じ話なのだろうか？

「２０１７年の結果を見てもらったらわかると思うけど、桑島良汰という選手がＪＦＬ得点ランキング第2位。あと1点で得点王だった。彼は中盤の選手です。いままでフォワードなんかやったことないんです」

Ｕ―17代表のときと同様、ＦＣ今治でも特徴的なのは、いろいろなポジションの選手が得点に絡む点だ。前線の選手はもちろん、パッセンジャーもスペースアタッカーも、クラウンでさえも流れの中でゴールを狙う場面を迎える。

「日本人はこうやろうって言ったら真面目にやる。けど、その次に相手が変化してきたら、そこへの適応力がない。何かをやれって言ったらそれがすべてになってしまう。で、『個性がない』とか言われちゃう。僕が思うに、どんなことをしても個性がある選手を個性のない選手にすることはできないです。ってことは最初から個性なんてないってことなんですよ。ただ、それを悪いと見るかいいと見るか。金太郎飴はダメだって言っても、いや、精密な金太郎飴ならあったほうがいいかもしれないでしょって。要は、どっちを目指すかということなんです」

数式を解くような論理展開に思考を振り回されながら、どうにも煮え切らない表情のわたしに、吉武監督は労を惜しまず話してくれる。

「究極のところ、いい判断をしてそれを実行するだけの力があればいい。それが個性なんじゃないですか。その中にパスがあったりシュートがあったり、いろいろある。でも突き詰めれば、ピッチに立ったらこのふたつしかないと思うんですよ。いい判断ができていい実行力を持ってる。だからストライカーになれるんじゃないですか。つまりわれわれがやっていることは全然背反してないじゃないですか」

わたしは訊いてみたくて仕方なかったことをストレートに訊ねてみた。２０１７年1月、FC今治に、１８９センチの長身アメリカ人フォワードが加入したのだ。メジャーリーグサッカーで活躍していた30歳で、愛称〝レニー〟ことスティーブン・レンハートという。加入の一報を聞いて、えっ、と驚いた。吉武監督の率いたU―17代表にはいなかったタイプだ。この高身長のポストプレーヤーが、吉武監督の培う組織の中で、どういうふうに起用されどういうふうに生きるのだろうかと興味をそそられる。

レニーはコンスタントに出場を重ねていたのだが、プレー中の接触事故により脳震盪を起こして5月に現役を引退してしまったため、わたしはついにそのプレーを見ることができなかった。

「でも、代表メンバーにはいなかったタイプの選手ですよね」と問うと吉武監督は「あんまりこだわりはないんですよ」と鷹揚に笑った。

「みなさんは形がまずあって、それに固執していると思ってますけど、僕がやろうとしているのは数的優位で進むというところだけですから。そこにいる選手がどうか、ということですよ。イブラヒモビッチがいて相手が４人マークしてくるのであれば、３人の数的優位が出来る。だったら使わない手はないでしょ。レニーという、ちょっと動き回れるポストプレーヤーがいて、その選手を使うと相手が３人来るかもしれない。そうしたら数的優位が２人できる。

でも杉本太郎がそこにいたら1人しか来ない。だったら数的優位は出来ないよねっていうこと」

と、U—17代表の教え子の名も挙げて説明してくれるのを聞きながら、やはり吉武監督のサッカーを理解しようとする自分も〝型〟にとらわれていたのだな、と、あらためて認識する。

2017年シーズンには、筑陽学園高校から福岡大学を経て名古屋グランパスでプロデビューしたセンターバック・牟田雄祐が、京都サンガからの期限付き移籍で1年間プレーした。

「彼もクラウンのイメージには程遠いかもしれないけど、守備ができる、ヘディングが強い。バーンと蹴ってくる相手に対してはヘディングの強い選手がいたほうがいいなというところです。組み合わせですよね。僕たちはその狭間で生きるわけなので」

◆ジレンマだらけの世界のどこに立つか

話の中で何度も出てきた「狭間で生きる」という言葉。ピッチに立つプレーヤーが半歩レベルで緻密にポジショニングを決めていくのと同じように、吉武監督の日々のすべては「狭間」という場所で揺れ続けている。

究極の理念は世界平和だと標榜する中で、サッカーは「戦争」ではなく「お互いにいいものを出し合って勝利を競うもの」だから、マリーシアは好まない。それはブラジルの文化であって、軽い接触プレーでわざと倒れて時間を消費するのは日本人の武士道には反する。そんなことをせずとも、リードして迎えた残り5分間、攻めながら相手陣内でボールを回し続ければいい。

「ピッチの中ではいいものを出し合って、それを観客に見てもらいながら、勝利も得る。それを目指していく」

そう言い切ったあとで、吉武監督は「でもまあ、絵に描いた餅はなかなかね。それで負けてちゃ意味がないので」と笑った。

ロジックはロジックとして、それが机上論でないことを証明するためにピッチで全力を尽くす。だが、ロジックの外側で起きる現象も柔軟に受け入れて、変化することを厭わない。

「ゴールの四隅に打てば、シュートは必ず入るんですよ。判断が間違っていても、技術的なミスなく四隅に打てば、絶対にシュートは入る」

３人の相手に囲まれている味方にパスを出すのは判断ミスだ。だが、受け手が技術的なミスなくボールを収め、３人の相手を抜いてシュートを打って点が取れたなら、それは正解ということになる。

「サッカーって、変数がいっぱいあるから。『判断は間違ってるけど技術的ミスがなかったし、このプレーよかったよね』っていう見方にもなる。判断の上でも技術的にもミスはしちゃいけないんだけど」

だから吉武監督は、監督と選手の役割分担を、こう位置付ける。

「ミスが起きたときにそれは判断のミスだと言って選手の判断力に働きかけ続けるのが、監督やコーチの仕事だと思うんです。逆に選手は技術的ミスだ、実行力のなさだと思い続けるべきだと思う。でも、判断ミスがあったことも受け入れないといけない。その上で『俺の技術が正しければこれは上手くいってるよね』と考えてほしい。そうしないと上手くならないです」

選手は「スルーパスが通らなかった」と言う。だが監督は「いまの場面は自分でスルーパスを出すよりも、ターンして右の味方に預けたほうがよかったんじゃないの」と言う。選手は「でも結果的にゴールが取れたんだから自分のほうが正しいよ」と思う。そういったせめぎ合いの中で磨かれていくものがある。

「その狭間で生きるのがスポーツじゃないですか。どっちかに振るのは簡単ですけど、僕が思うに日本の社会は判断しなくてもいいように組まれてる。それじゃ面白くもなんともない。ブランコに乗るときに、落ちないようにブランコに乗るのを考えるのが面白いのに、落ちるかもしれないからブランコ使っちゃいけませんって言ってゼロにしちゃう。そういう文化。この中だけでずっと暮らしていくのならいいんですけど、これからの人たちは世界に出て行ったり、何かしないといけない。温室で育ってる無菌状態は、よくないです」

２０１７年にＪＦＬ昇格を果たしたＦＣ今治は、１シーズンでのＪ３昇格を目指したが、通算６位に終わり達成できなかった。だが、リーグ前期には16得点だったところを、後期は38得点と大きく数値を伸ばしている。

「それはサッカー理解なのか、質が上がったのか、気合が入ったのか。いろんな要素があると思うんですよね。全部ですけど、自分としてはやり続けたから質が上がったよねと思いたい、というだけです。サッカーはいろんな要素があるので、わからないんですよ、何が原因かなんて」

いまはまだ登山で言えば2合目3合目なのだという自己評価だ。

「ある意味、機能しなくても、数的優位じゃなくてもサッカーはやれるじゃないですか。プラス1なんて考えなくても1対1で『われこそはワーワー』でやっても全然いい。メッシが11人いたらボールを取られることはないんだから。でもメッシは世界中に1人しかいないから、11人揃うわけがない。だから数的優位な状況を作りたいんだけど、別にプラス1とプラス1でパスを回さなくてもサッカーはできる。その狭間で生きなきゃいけないんです。だって結果がすべてでしょ。でも言いたいのは、確率の低いほうを選んでいるという自覚をした上で選ぶのか、わけもわからないままでやっているのかでは180度違うということ。その判断の基準を与えるというのが重要だと思っているわけです」

カオス状態の中に信号機を設置するのが監督の役目。信号機をつければそれに縛られることにもなるが、信号を守らなければ統制が取れない。一方では海外でしばしば見られるように、信号のない交差点を無秩序に進んでいける人たちもいて、それはそれでひとつの文化だ。

目指す方向性があるからこそ、ジレンマが生まれる。自分のコントロールできないことを考えても仕方がないことはわかっているから、変えられるものを変えてゆく。意図したものとは違った方向に転がった結果も、ミスも成功もひっくるめて受け入れた上で、自分の立つ位置を決めてゆく。その連続がサッカーで、生きるということだ。その数学的な思考回路を素晴らしいスピードで巡らせながら、吉武監督はいつも、具体的なことは何も言えないようでいて、真理を伝えようとしてくれる。

【追記】

諸事情により制作スケジュールがずれ込み、この本の最終校正をしていた6月27日。吉武さんがＦＣ今治の監督を退任との報が入った。驚いて吉武さんに電話すると「残念でしたけど、しばらく充電してまた頑張ります」と言う。あらゆることの狭間で最適解を求めながら、また新天地での〝吉武イズム〟が花ひらく日を待ちたいと思った。

おわりに

「変態対変態の戦いでしたね！」

２０１８年Ｊ２第14節、ＦＣ岐阜戦を終えたばかりの片野坂知宏監督に駆け寄って言うと、

「はい、変態になりました」

と、片野坂監督も笑った。

難敵揃いのＪ２でも群を抜く難敵との一戦。２０１７年シーズンの片野坂監督は４―４のブロックでスペースを消して大木武監督仕込みの流動的なパスワークを封じたが、今回は同じ４バックシステムでもスタートは４―３―３。相手と枚数を合わせ４―５のブロックを築き、トリプルボランチを中心に細やかにスライドして陣形を変えながら、前年よりも格段に効率良く守った。

大勝しようが大敗しようが表情ひとつ変えずに独自の戦術を貫く大木監督も相当に変態だと尊敬しているのだが、その変態サッカーに変態サッカーで意趣返ししたかのようなこの試合の

片野坂監督の出方には、心底シビレた。可変システムによるベースのスタイルは確立しつつ、たまにこういった変則的な作戦を繰り出したりする。選手たちもそれを遂行するのが楽しそうだ。短期間でチャレンジした戦術が完璧にハマると、組織の結束力も高まる。

この動きは何？　どういう狙いがあるの？

試合中はピッチ上で起きる現象にいろいろと考えを巡らせながら、すでに教えてもらいたくて仕方ない。田坂和昭監督が大分トリニータを率いた頃から試合後の答え合わせは恒例となり、それが片野坂監督にも受け継がれている。

対戦チームの監督にしてもそうだ。トリニータを倒すためにどんな策を練ってきたのか。試合の中での勝敗の分岐点はどこだったのか。記者会見で訊ね、足りなければ追いかけてぶら下がる。こんなに興味津々でいてごめんなさいと思うときもあるけれど、指揮官がどうやって勝つつもりでこの一戦に臨んだのかをきちんと把握することは、マッチアップの本質に迫る手がかりだ。それに、たとえ敗れたとしても、チームがどれだけ周到に準備したかを伝えることで、サポーターのやるせなさの着地点を用意できたりもする。

この本を書くために、５人の監督たちには貴重な時間と労力を割いていただいた。福島まで田坂監督に会いに行き、北野誠監督と話すために讃岐の事務所を訪ね、吉武博文監督が大分に帰省したときにカフェで話を聞いた。ちょうどＪ１に昇格して度重なる連戦に追われ多忙を極めていた高木琢也監督は、試合そのものを追いかけ続けた。通常のトリニータの取材と合わせて連戦が重なり、２週間で６試合という過密日程で、長崎に通っただけでなく札幌までも飛んだ。ようやく腰を落ち着けてインタビューできたのは3月下旬のことだった。どの監督も面倒な顔ひとつせず、自身の本質に迫るものを差し出してくださったと思う。

5人の監督の下でプレーしたことのある選手たちも、たくさん話を聞かせてくれた。そして、福島ユナイテッドFCやカマタマーレ讃岐やV・ファーレン長崎やロアッソ熊本の番記者のみんなも、細やかに日々の監督のことを教えてくれた。彼らがそれぞれに担当するチームの監督との関わりは、少し離れた場所から見守るわたしよりもずっと濃く、厚い。

原稿を書いている間、周囲の方々にはいろいろな我慢を強いたりもした。負担をかけたり励ましてもらったりしたみなさんにも、あらためて感謝を捧げたい。

最後に、いつもわたしの書くものを面白がりながらプロデュースしてくださる編集担当の津野実氏。あの有名な映画から、この本にことさら素敵なタイトルをつけてくださってありがとうございます。

「実のところ本書の裏テーマは、異常な監督たちに魅せられたライターの異常な愛情ですから」

そうおっしゃっていただけたのはうれしかったですが、そういう津野さんもマッドな監督たちに魅せられた相当な変態編集者であることを、最後にここに記しておきます。

2018年7月

ひぐらしひなつ

監督の異常な愛情
または私は如何にして心配するのを止めてこの稼業を・愛する・ようになったか

発行日　2018年 7月20日　第1刷
　　　　2018年 7月25日　第2刷
著　者　ひぐらしひなつ
発行者　清田名人
発行所　株式会社内外出版社
〒110-8578 東京都台東区東上野2-1-11
電話　03-5830-0368（販売部）
電話　03-5830-0237（編集部）
http://www.naigai-p.co.jp
印刷・製本　中央精版印刷株式会社

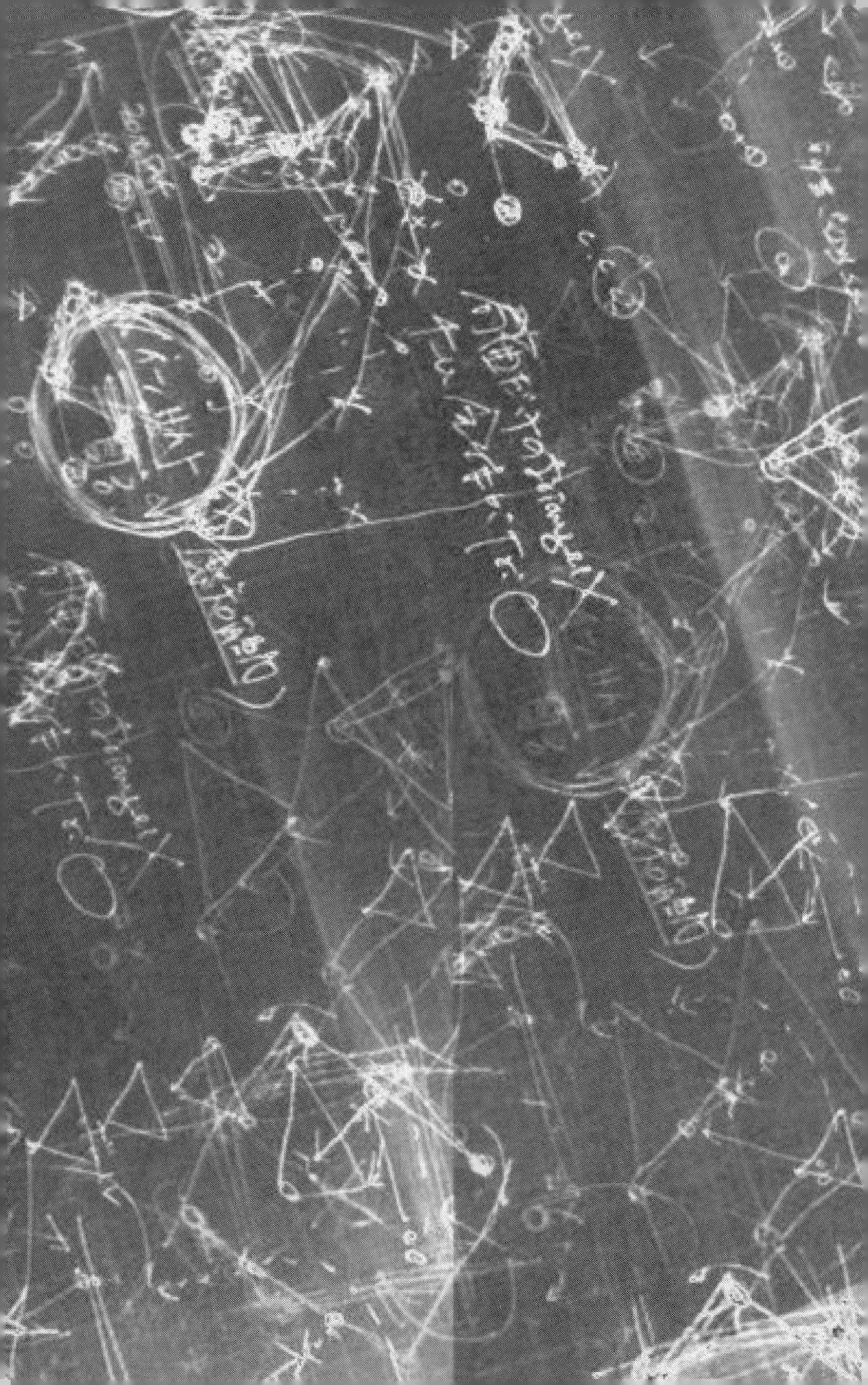

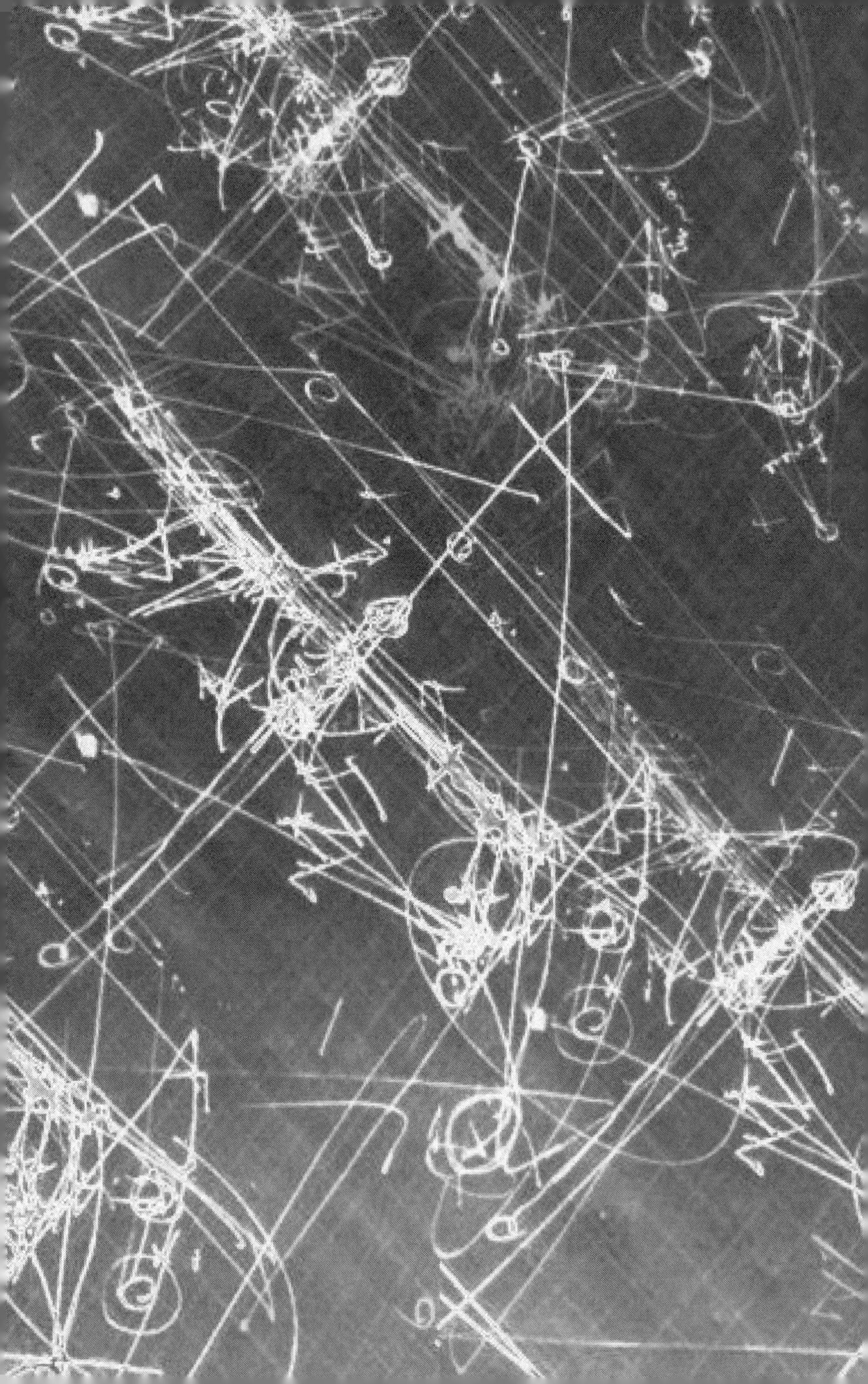